Thomas Batz (Hg.)

Zentrale Herausforderungen des Bildungsmarketings

Thomas Batz (Hg.)

Zentrale Herausforderungen des Bildungsmarketings

Resultate einer Studie der DHBW Heilbronn und der Universität Stettin

Tectum Verlag

DHBW
Duale Hochschule
Baden-Württemberg
Heilbronn

UNIWERSYTET SZCZECIŃSKI

Thomas Batz (Hg.)

Zentrale Herausforderungen des Bildungsmarketings. Resultate einer Studie der DHBW Heilbronn und der Universität Stettin

ISBN: 978-3-8288-4329-5
ePDF: 978-3-8288-7273-8

Printed in Germany

Besuchen Sie uns im Internet
www.tectum-verlag.de

Bibliografische Informationen der Deutschen Nationalbibliothek
Die Deutsche Nationalbibliothek verzeichnet diese Publikation in der Deutschen Nationalbibliografie; detaillierte bibliografische Angaben sind im Internet über http://dnb.d-nb.de abrufbar.

Inhaltsverzeichnis

Zentrale Herausforderungen des Bildungsmarketings

Thomas Batz, im Mai 2019

Prof. Dr. Thomas Batz, MBA
Duale Hochschule Baden-Württemberg, Heilbronn
Studiendekan BWL-Dienstleistungsmanagement
Studiengangsleiter BWL-Dienstleistungsmanagement, Schwerpunkt Human Resources
Bildungscampus 5
74076 Heilbronn

Ausgangslage

Noch vor kurzem erschien der Gedanke an eine gezielte Vermarktung von Bildungsinstitutionen wenig sinnvoll. Warum eine Hochschule vermarkten, die sich über lange Jahre mit Hilfe von Zugangsbeschränkungen auf die Begrenzung der Studierendenzahlen konzentrieren musste? Viele Bildungsträger wären gar nicht in der Lage gewesen, mit den vorhandenen Budgets, dem Personal und Räumlichkeiten der tatsächlich vorhandenen Flut von Studierenden gerecht zu werden. Zumindest in Deutschland waren private Hochschulen, die sich primär über zahlende Studierende finanzieren, über lange Jahre weitgehend unbekannt oder zumindest untypisch und damit kein wahrzunehmender Faktor auf den Bildungsmärkten. Erst seit den 90er Jahren sind erste wissenschaftliche Beiträge zum Themenfeld Bildungsmarketing zu verzeichnen (vgl. Barz 2010, S. 415).

Doch diese Situation hat sich aktuell grundlegend geändert und dafür sind verschiedene Faktoren verantwortlich, die nachfolgend in Anlehnung an das Branchenstrukturmodell nach Porter (1980), das auch als „Five Forces" der Wettbewerbskräfte bekannt ist, kurz skizziert werden.

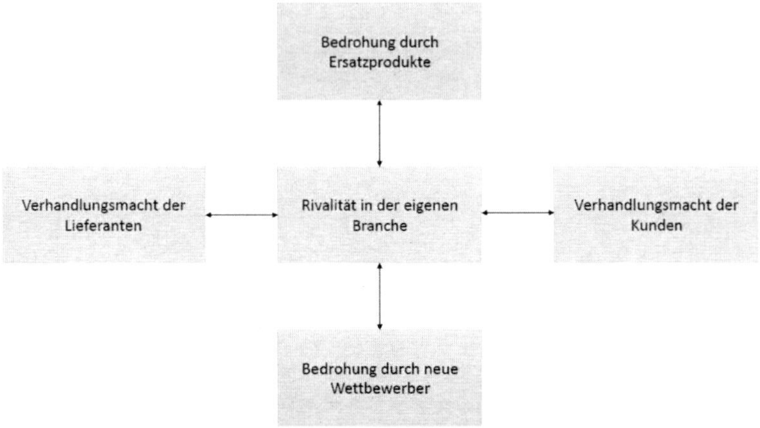

Abb. 1: Branchenstrukturanalyse / "Five Forces" der Wettbewerbskräfte
Quelle: Eigene Darstellung in enger Anlehnung an Porter (1980)

In diesem Zusammenhang werden Wettbewerbstreiber wie die Konkurrenzaktivitäten der aktuellen und unmittelbaren Wettbewerber, neue Konkurrenten, Substitutionsmöglichkeiten sowie die Macht der Anbieter und der Nachfrager betrachtet. Was bedeutet dies für die vorliegende Fragestellung konkret?

- Zum einen hat sich die einstmals enorme Zahl der Bewerber um einen Studienplatz in Zeiten der Generation Babyboomer deutlich reduziert, was insbesondere auf die geburtenschwachen Jahrgänge zurückzuführen ist.
- Zum anderen stellen neue Generationen von Studierenden ganz neue Ansprüche an ihr Studium. Insbesondere steht dabei aktuell die sogenannte „Generation Z" im Fokus, worunter die nach 1995 geborene Generation zu verstehen ist. Diese jungen Menschen sind sehr internetaffin und haben eigene, durchaus spezielle Ansprüche auch an ihre Ausbildung (vgl. Eberhardt 2016, S. 25 ff.). Es fragt sich, ob und inwieweit Hochschulen in der Lage sind, diesen Ansprüchen zu genügen.

- Zudem sorgt die seit mehreren Jahren boomende Konjunktur zumindest in Deutschland dafür, dass sich viele junge Menschen mit dem Gedanken tragen, direkt in den Arbeitsmarkt einzusteigen, ohne ein Studium zu absolvieren. Auf den in vielen Bereichen leergefegten Arbeitsmärkten finden diese Kandidaten gute Chancen. Der Arbeitsmarkt hat sich längst von einem Arbeitgebermarkt zu einem Arbeitnehmermarkt entwickelt.
- Schließlich konkurrieren nicht mehr nur staatliche Universitäten und Hochschulen um die Studieninteressenten, vielmehr haben sich insbesondere im privaten Sektor sehr viele Neugründungen ergeben, die sich nicht selten zu wichtigen Mitbewerbern auf dem Bildungsmarkt entwickelt haben.
- Überdies hat sich in den vergangenen Jahren die internationale Mobilität stark erhöht. Während in der Vergangenheit ein Auslandsstudium eine Besonderheit war, studieren aktuell viele junge Menschen im Ausland. Überdies ergeben sich zahlreiche Alternativen im Hinblick auf zeitliche Modelle (Vollzeitstudium bzw. Teilzeitmöglichkeiten) sowie die Kanäle, auf denen Bildung vermittelt wird (z. B. Online-Angebote, Präsenzvorlesung sowie Blended Learning).

Somit haben Studieninteressenten aktuell die Auswahl zwischen sehr vielen verschiedenen Angeboten und Bildungsträger stehen in einem ausgeprägten Wettbewerb. Dies zwingt Bildungsträger dazu Studierende auch als Kunden zu betrachten, was für viele Bildungsträger bedeutet, eine völlig neue Perspektive einzunehmen.

In diesem Zusammenhang ist das Verständnis des Begriffs „Konsumentenverhalten" wichtig, um den Kunden bzw. Studenten bei dessen Auswahl, Bewertung und Nutzung des Wirtschaftsguts Bildung zu verstehen. „Unter Konsumentenverhalten im engeren Sinne versteht man das beobachtbare „äußere" und das nicht beobachtbare „innere" Verhalten von Menschen beim Kauf und Konsum wirtschaftlicher Güter. Letztlich versucht die Konsumentenverhaltensforschung, Fragen nach dem „Warum" und „Wie" des Käuferverhaltens zu beantworten" (Kroeber-Riel & Gröppel-Klein 2013, S. 3). Damit stellt das Verständnis des Konsumentenverhaltens eine wesentliche Voraussetzung für erfolgreiches Bildungsmarketing dar.

Verständnis des Begriffs Bildungsmarketing

Um den Begriff Bildungsmarketing verstehen zu können, ist es zunächst sinnvoll den übergeordneten Begriff Marketing zu beleuchten. In der Literatur sind zahlreiche verschiedene Definitionen zum Marketing vorzufinden. Diese beschäftigen sich unter verschiedenen Blickwinkeln und verschiedenen Schwerpunkten mit der Thematik. Um zu einem nachvollziehbaren und im Sinn der hier vorliegenden Aufgabenstellung relevanten Verständnis des Marketings zu gelangen, ist es sinnvoll, wichtige Kernaspekte zu beleuchten. Die wichtigsten Aspekte werden von Meffert et al. (2015, S. 3 ff.), wie nachfolgend kurz skizziert, zusammengefasst.

In den Fokus der relevanten Überlegungen stellen die Autoren dabei den sogenannten *„Market Based View“* und damit im engen Zusammenhang stehend auch den *„Competence Based View“*, wodurch die enge Verbindung und die Interdependenzen zwischen dem Blickwinkel der Anbieter und der Nachfrager bezeichnet werden (vgl. Meffert et al. 2015, S. IX). Im Kern geht es darum, „[...] wie kunden- und marktrelevante Kompetenzen im Unternehmen identifiziert, aufeinander abgestimmt und entwickelt werden, [sowie, TB] [...] um die Frage der Effektivität und Effizienz des Marketing [...]“ (Meffert et al. 2015, S. IX). Dabei sind die Ansprüche an das Marketing, u. a. verursacht durch die zunehmende Komplexität, durch die Nachhaltigkeitsdiskussion, die Internationalisierung und die Digitalisierung, stark angestiegen.

Auch zur Erläuterung des Begriffs Bildungsmarketing sind zahlreiche Definitionen in der Literatur zu finden. Die im Hinblick auf diese spezielle und auf das Wirtschaftsgut „Bildung“ gerichtete Ausprägung des Marketings relevanten und wesentlichen Aspekte fasst die nachfolgende Erklärung kurz und prägnant zusammen: „Als Bildungsmarketing werden Methoden zur Vermarktung von Angeboten im Bildungswesen bezeichnet. Es hat zur Aufgabe, den Aufbau, die Aufrechterhaltung und die Verstärkung der Beziehungen zum Bildungsnachfrager, anderen Partnern und gesellschaftlichen Anspruchsgruppen zu gestalten. Mit der Sicherung der Unternehmensziele sollen auch die Bedürfnisse der beteiligten Gruppen befriedigt werden“ (DIM Deutsches Institut für Marketing GmbH 2007, o. S.).

Neben dieser generellen Erklärung stellt sich die Frage nach der konkreten Anwendung des Bildungsmarketings. Diese soll mit Hilfe eines Sechs-Faktoren-Modells beantwortet werden:

Stufe 1: 100 % Kundenorientierung

Häufig wird vermutet, dass es schon ausreicht, lange und intensiv genug zu werben, um Bedürfnisse in einem Kunden zu wecken und diesen zum Kauf zu bewegen. Aber diese Überlegung greift zu kurz. Nur wenn dem Vermarkter auch tatsächlich klar ist, welche Bedürfnisse für einen potenziellen Nachfrager relevant sind, können diese auch aktiviert werden. Nicht vorhandene Bedürfnisse können mit Werbekampagnen auch nicht aktiviert werden. Egal mit welcher Werbung, ein überzeugter Vegetarier wird sich im Normalfall für ein saftiges Rindersteak nicht erwärmen können. Der Kunde wird sich einem Unternehmen zuliebe niemals verändern. Er wird sich immer, soweit irgendwie möglich, an seinen eigenen Vorstellungen orientieren. Andererseits führen eine 100 % Kundenorientierung und das Verständnis des Kundenverhaltens zu klaren Wettbewerbsvorteilen, insbesondere wenn man diesen Bedürfnissen innovativ und zielgerichtet entspricht.

Ein interessantes Beispiel findet man beim Elektro-Pkw Pionier Tesla. Tesla setzt die vorhandene Umweltorientierung ihrer Kunden nicht nur durch einen umweltschonenden Antrieb um, vielmehr verwendet Tesla beim Bau ihrer Autos auch Materialien, die der „grünen Orientierung" ihrer Kunden entsprechen. So verwendet Tesla kein Leder, sondern Kunstleder und bezeichnet seine Pkws als vegan (vgl. z. B. Imhof 2017, o. S.). Eigentlich wird damit ein minderwertiges Material verwendet, die Kunden von Tesla aber bewerten diese Vorgehensweise als positiv und zahlen vergleichsweise hohe Preise für eine vergleichsweise einfache Ausstattung. Tesla versteht seine Kunden und ist deshalb erfolgreich.

Wie aber kann nun man dieses Kundenverhalten eindeutig erfassen, nachvollziehen und verstehen?

Stufe 2: Marktforschung

Optimale Kundenorientierung ist aber nur dann möglich, wenn Bildungsträger auch genau wissen, wer ihre Kunden sind, wie sich diese verhalten und worauf Kunden Wert legen.

In Anlehnung an verschiedene Autoren der Marktforschung (z. B. Olbrich et al. 2012, S. 9) kann Marktforschung definiert werden als permanenter Prozess, in dessen Rahmen alle relevanten Informationen über externe und interne Arbeitsumfelder und Arbeitsmärkte erhoben, ausgewertet und interpretiert werden. Dazu sind entsprechende Qualitätskriterien, Strukturen und Methoden erforderlich. Durch die Vermittlung weitreichender Transparenz wird die Grundlage für die zielgerichtete Gestaltung des strategischen Marketings sowie die Planung, Gestaltung und Bewertung der daraus abgeleiteten operativen Marketingmaßnahmen geschaffen.

Um erfolgreich Marktforschung gestalten zu können, müssen Qualitätsanforderungen Validität, Reliabilität, Aktualität und Wirtschaftlichkeit gegeben sein. Um zu aussagestarken Daten zu gelangen, kann auf sowohl auf die Sekundär- als auch auf die Primärforschung zurückgegriffen werden (vgl. z. B. Olbrich et al. 2012).

„Die Informationsgewinnung durch Sekundärforschung hat die Beschaffung, Zusammenstellung und Auswertung bereits vorhandenen Datenmaterials zum Gegenstand" (Meffert et al. 2015, S. 146). Die Nutzung von Sekundärquellen ist häufig relativ preisgünstig, die Daten könnten aber veraltet bzw. nicht eindeutig genug auf den Erhebungszweck zugeschnitten sein. Wenn nun die vorhandenen Sekundärdaten nicht ausreichen, um hinreichende Erkenntnisfortschritte zu gewinnen, ist es erforderlich, neue, originäre Daten (also Daten, die es so bisher noch nicht gegeben hat) zu erheben, dies wird mithilfe einer sogenannten Primärforschung möglich (vgl. Koch 2012, S. 47; Meffert et al. 2015, S. 147). Die großen Vorteile der Primärforschung liegen insbesondere im Bereich der Qualität. So sind die selbst erhobenen Daten bei einer Primärforschung in der Regel sehr aktuell und genau auf den Forschungszweck zugeschnitten. Nachteilig anzumerken ist der hohe Kosten- und Zeitaufwand. Originäre Daten können z. B. mithilfe von Befragungen, Panels, Beobachtungen und Experimenten gewonnen werden (vgl. Meffert et al. 2015, S. 147 ff.).

Interessant ist in diesem Zusammenhang aber auch, dass die klassische Marktforschung an Grenzen stößt. Der Grund dafür ist, dass Konsumenten nur Auskünfte über Motive und Beweggründe geben können, die diesen auch bewusst sind und die diese auch klar nachvollziehen können. Zudem sind die Probleme der Antwortverweigerer und der Probanden, die bewusst falsche Auskünfte geben, zu berücksichtigen. Die Zukunft der Marktforschung gehört vermutlich den sogenannten „Datenkraken". So gibt zum Beispiel das amerikanische Unternehmen Facebook an, einen jährlichen Umsatz von 55 Milliarden US Dollar mit personalisierter Werbung zu erzielen. Der Grund für diesen unglaublichen Umsatz? Facebook geht davon aus, ihre Kunden über die zahlreichen persönlichen Informationen auf Facebook, Instagram etc. besser zu kennen, als diese sich selbst kennen. Ein enormer Informations- und damit auch Wettbewerbsvorteil.

Stufe 3: Denken in Zielgruppen

Unterschiedliche Zielgruppen stellen ganz unterschiedliche Ansprüche und Anforderungen an Produkte und Dienstleistungen. Dies gilt auch und vielleicht sogar in besonderem Maße für Nachfrager nach dem Wirtschaftsgut „Bildung". Zielgruppen können klassisch nach demographischen, geographischen, sozioökonomischen und psychographischen Kriterien differenziert werden. Interessant könnte es für Bildungsträger im Hinblick auf die korrekte Einschätzung der für sie relevanten Zielgruppen auch sein, die Besonderheiten der verschiedenen Generationen zu berücksichtigen, da Bildungsträger im Lauf der Zeit mit immer wieder neuen Generationen konfrontiert werden (in Anlehnung an Chaney et al. 2017). Dabei kann aktuell nicht mehr davon ausgegangen werden, dass nur die aktuell junge Generation und damit aktuell die Generation Z studiert. Auch Menschen jenseits der 40 oder der 50 entscheiden sich noch für ein Studium, was auch auf die deutlich verlängerten Lebensarbeitszeiten zurückzuführen ist.

Stufe 4: Strategisches Bildungsmarketing

Erfolgreiches Bildungsmarketing ist ohne strategische Komponente nicht denkbar. Unter Strategie wird eine prinzipielle und langfristige Vorgehensweise zur Erreichung zentraler Ziele verstanden. Auf der Basis dieser Ziele eines Bildungsträgers sowie dessen vorhandener Ressourcen, Kompetenzen und Budgets können sinnvolle Marketingstrategien zur Bearbeitung der relevanten Bildungsmärkte abgeleitet werden. Vereinfacht könnte Strategie damit auch als Grundsatzentscheidung verstanden werden. Im Fokus steht die Herausforderung, sich für „die richtigen Dinge" zu entscheiden. Für das Bildungsmarketing stehen hierfür zahlreiche Marketingstrategien zur Verfügung, das Spektrum reicht dabei von einer Präferenz- bis hin zu einer Preis- bzw. Mengenstrategie.

Stufe 5: Operatives Bildungsmarketing

Bildungsmarketing gehört thematisch in den Bereich des Dienstleistungsmarketings. Zur erfolgreichen Umsetzung des Marketings sind die sogenannten Marketing-Mix-Instrumente erforderlich. Da aber die Vermarktung von Dienstleistungen, die vielfach u. a. immateriell und unsichtbar sind, besonders komplex ist, reichen die klassischen 4Ps (product, price, place und promotion) anders als bei Konsum- und Investitionsgütern nicht aus. Vielmehr sind die Mix-Instrumente *people* (Welche Personen, z. B. Lehrkräfte, üben die Dienstleistung aus?) *physical facilities* (Welche Räumlichkeiten, z. B. Lehrsäle und Ausstattungen, stehen zur Verfügung?) und *process* (z. B. sind die erzielbaren Abschlüsse akkreditiert?) zur erfolgreichen Vermarktung von Dienstleistungen von großer Relevanz.

Stufe 6: Unique Selling Proposition (USP)

Es ist für die in einer starken und vielfältigen Konkurrenz stehenden Bildungsträger aktuell unverzichtbar, sich einen USP (Unique Selling Proposition) und damit ein Alleinstellungsmerkmal zu erarbeiten, das in der Wahrnehmung ihrer Zielgruppen den Unterschied ausmacht und damit einen echten Wettbewerbsvorteil begründet (vgl. Meffert et al. 2015, S. 338). Dies kann für Bildungsträger z. B. durch den Aufbau einer starken Marke, durch berühmte Lehrkräfte oder durch beeindruckende Gebäude möglich werden. Weltberühmten Universitäten wie der Harvard University gelingt es in sehr vielen Bereichen USPs zu realisieren und sich damit von konkurrierenden Universitäten abzusetzen.

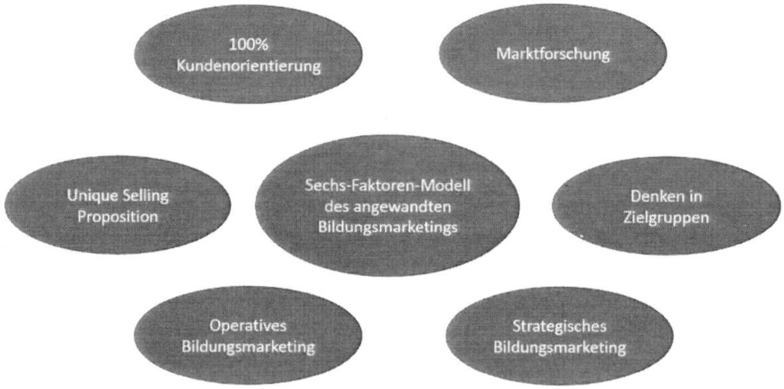

Abb. 2: Sechs-Faktoren-Modell des angewandten Bildungsmarketings
Quelle: Eigene Darstellung

Das Projekt

Das vorliegende Buch ist als Dokumentation eines gemeinsamen Projekts der Dualen Hochschule Baden-Württemberg in Heilbronn und der Universität Stettin in Polen im Dezember 2018 zu verstehen. Die Idee, sich auf die Thematik Bildungsmarketing im Rahmen des Projekts zu beziehen, entstand, weil sich die Universität Stettin trotz exzellentem wissenschaftlichen Personal, enormem Engagement und einer sehr guten Ressourcenausstattung mit seit einiger Zeit zurückgehenden Studierendenzahlen konfrontiert sieht. Deshalb stellte sich für Studierende des Fachbereichs Dienstleistungsmanagement mit der Vertiefung Human Resources im Rahmen ihres Besuchs in Stettin und im Verlauf der nachfolgenden Arbeit die Aufgabe, einerseits die Ursachen für diesen Rückgang zu analysieren und andererseits Konzepte zu erarbeiten, um dieser Entwicklung entgegenzuwirken.

Es war dabei von besonderem Interesse, eine polnisch-deutsche Zusammenarbeit zu ermöglichen. Die Geschichte der beiden Nachbarländer ist in der Vergangenheit durch viele tragische und traurige Ereignisse gekennzeichnet. Der Überfall Polens durch Nazi-Deutschland, die verabscheuungswürdige Ermordung unzähliger Menschen jüdischen Glaubens und in der Konsequenz des Untergangs des sogenannten „Dritten

Reichs" die Vertreibung der deutschen Bevölkerung aus ihrer Heimat kennzeichnen sicher besonders dunkle Kapitel der Geschichte. Doch die aktuelle Geschichte gibt spätestens seit dem Fall des Eisernen Vorhangs auch wieder sehr viel Anlass zur Hoffnung und zum Optimismus. Im vereinten Europa sind die Nachbarländer Polen und Deutschland eng zusammengerückt und arbeiten in vielen Bereichen eng zusammen. Trotzdem sind vielen deutschen Studierenden ferne Länder wie die USA, China oder Singapur besser bekannt als Polen – ein Land, das unmittelbar an Deutschland angrenzt – und Städte wie London, Paris oder Mailand besser bekannt als Stettin, obwohl Stettin nur wenige Kilometer von der deutschen Grenze entfernt liegt.

Aus diesem Grunde und aufgrund der engen vertrauensvollen Zusammenarbeit der Dualen Hochschule Baden-Württemberg und der Universität Stettin wird seit 2017 ein regelmäßiger Austausch mit Studierenden und Lehrpersonal durchgeführt. Dieser Austausch erweist sich für alle Beteiligten und auf allen Ebenen als ausgesprochen wertvoll und lehrreich. Eine Fortsetzung in der Zukunft ist vorgesehen.

Projekte wie diese wären ohne Unterstützung nicht möglich. Aus diesem Grund gilt ein sehr herzlicher Dank den ebenso freundlichen wie hochkompetenten Partner der Universität Stettin, dem Rektor der Fakultät Dienstleistungsökonomie Herrn Prof. Engelhardt, Frau Prof. Porada-Rochon, der Vize-Dekanin und Frau Dr. Kordela, der Leiterin des International Office.

Im Rahmen der Dualen Hochschule gilt ein sehr herzlicher Dank dem International Office der Dualen Hochschule vertreten durch Frau Dr. Theis und Frau Söhner, die beide in der Vorbereitung des Austauschs mit ihrer unermüdlichen Unterstützung und ihrer herausragenden Fachkenntnis von unschätzbaren Wert für den Erfolg des Projekts waren. Zudem haben sich die Studierenden der Vertiefung Human Resources durch großes Engagement und enormen Fleiß ausgezeichnet und sich in Stettin als sehr gute, freundliche und respektvolle Botschafter erwiesen. All dies wäre aber ohne die vielfältigen internationalen Kontakte und die große Unterstützung der Rektorin der Dualen Hochschule Heilbronn, Frau Prof. Dr. Nicole Graf, nicht möglich gewesen. An dieser Stelle nochmals ein sehr herzlicher Dank. Nicht zuletzt gilt mein besonderer Dank unserem akademischen Mitarbeiter Christian Spletter im Fachbereich BWL-Dienstleistungsmanagement, der dieses Buchprojekt redaktionell begleitet hat.

In den nachfolgenden Kapiteln haben sich die Studierenden der Dualen Hochschule Baden-Württemberg Heilbronn mit Schwerpunkt Human Resources strukturiert Gedanken zu Ursachen und Lösungsansätzen gemacht, um einen kleinen partnerschaftlichen Beitrag zur positiven Weiterentwicklung der Universität Stettin leisten zu können.

Literatur

BARZ, H. (2010). Bildungsmarketing. In: Barz, H. (Hrsg.): Handbuch Bildungsfinanzierung (S. 415-427). Wiesbaden: VS.

CHANEY, D., TOUZANI, M. & SLIMANE, K. B. (2017). Marketing to the (new) generations: summary and perspectives. *Journal of Strategic Marketing, 25* (3), 179-189.

DIM DEUTSCHES INSTITUT FÜR MARKETING GMBH (2007). Definition Bildungsmarketing. Online unter: https://www.marketinginstitut.biz/blog/definition-bildungsmarketing/ (zuletzt abgerufen am 15.03.2019).

EBERHARDT, D. (2016). Generationen zusammen führen: Mit Millennials, Generation X und Babyboomern die Arbeitswelt gestalten. Freiburg: Haufe-Lexware.

IMHOF, T. (2017). Jetzt werden sogar unsere Autos vegan. Online abrufbar unter: https://www.welt.de/motor/article161699621/Jetzt-werden-sogar-unsere-Autos-vegan.html (zuletzt abgerufen am 15.03.2019).

KOCH, J. (2012). Marktforschung: Grundlagen und praktische Anwendungen. München: Oldenbourg.

KROEBER-RIEL, W. & GRÖPPEL-KLEIN, A. (2013). Konsumentenverhalten. München: Franz Vahlen.

MEFFERT, H., BURMANN, C. & KIRCHGEORG, M. (2015). Marketing: Grundlagen marktorientierter Unternehmensführung: Konzepte - Instrumente - Praxisbeispiele. Wiesbaden: Springer Gabler.

OLBRICH, R., BATTENFELD, D. & BUHR, C.-C. (2012). Marktforschung: Ein einführendes Lehr- und Übungsbuch. Berlin, Heidelberg: Springer Gabler.

PORTER, M. E. (1980). Competitive Strategy: Techniques for Analyzing Industries and Competitors. New York: Free Press (Republished with a new introduction, 1998).

Nachfrage nach Hochschuldienstleistungen in Polen – Aktueller Stand und Perspektiven

Dr. Dominika Kordela

Zur Beschreibung der Hochbildung in Polen sollte man die wichtigsten Daten und Fakten geben. Laut der Regierung in Polen gibt es über 400 staatliche und nicht-staatliche Hochschulen (unter anderem Fachhochschulen, Universitäten, Technische Universitäten). Das Ministerium für Wissenschaft und Hochschulbildung beaufsichtigt die Mehrheit unter ihnen, jedoch stehen bestimmte Hochschulen unter der Kontrolle anderer Ministerien: Zum Beispiel unterstehen die medizinischen Universitäten dem Ministerium für Gesundheit; für die Militärhochschulen ist das Ministerium für nationale Verteidigung zuständig[1].

In Polen, genauso wie in den anderen EU-Mitgliedstaaten, gibt es eine dreistufige Struktur in der Hochschulbildung. Auch das European Credit Transfer System (ECTS) wurde erfolgreich eingeführt, was die Anerkennung von Qualifikationen in anderen Ländern ermöglicht[2].

1 www.gov.pl, Zugriff am 15.05.2019

2 www.go-poland.pl, Zugriff am 15.05.2019

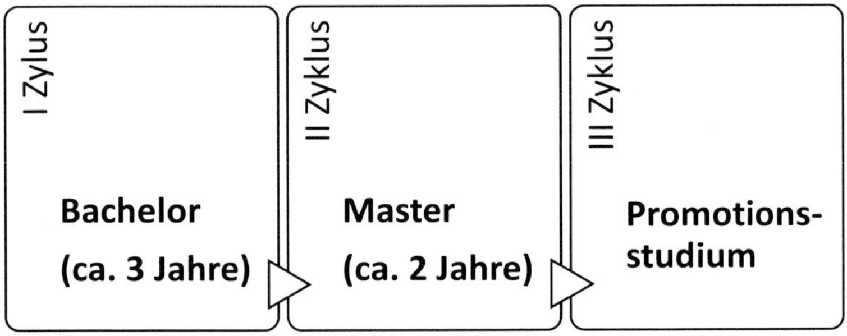

Abb. 1: Die Struktur der Hochschulbildung in Polen

Nach dem ersten Studienzyklus erhält man die Berufsbezeichnung *licencjat* oder *inżynier* (Ingenieur im Fachgebiet Technik, Landwirtschaft oder Wirtschaft). Dies ist ein polnisches Äquivalent zum Bachelor. Der zweite Studienzyklus – ein Masterstudiengang (1,5 bis 2 Jahre) nach dem ersten Studienzyklus – führt zur Berufsbezeichnung Master (*magister*, oder ein gleichwertiger Abschluss je nach Kursprofil) (vgl. auch Abb. 1)[3].

Die Hochschulen in Polen bieten nicht nur ein Vollzeitstudium (im Werktagezyklus), sondern auch ein Wochenend- oder Abendstudium (für berufstätige Personen) an. An den Hochschulen und Universitäten werden zudem außeruniversitäre und externe Kurse angeboten, unabhängig von den Zugängen zu Kinder- und Seniorenuniversitäten. Die lebenslange Bildung ist für viele Leute in Polen von großer Bedeutung. Im Zuge politischer Veränderungen Anfang der 90er Jahre haben sich neue Zielsetzungen und Entwicklungen in der Gesellschaft ergeben. Eine sehr wichtige Angelegenheit sowohl für die Regierung als auch die Bevölkerung war der Anstieg der Studierendenzahl. Mit nur 404.000 im Jahr 1990 stieg die Zahl der Studierenden auf fast zwei Millionen im Jahr 2005[4].

[3] www.go-poland.pl, Zugriff am 15.05.2019

[4] www.edulider.pl, Zugriff am 10.05.2019

Das Jahr 2005 war jedoch eines der letzten Jahre des Anstiegs. Seit dem akademischen Jahr 2007/2008 sinkt die Anzahl der Studierenden, aber dies war erst in 2010/2011 sehr deutlich zu spüren. Noch in 2006/2007 studierten in Polen fast zwei Millionen Menschen, dann waren es in 2011/2012 1.764.000 Studierende und im Jahr 2017 betrug die Anzahl der Studierenden 1.292.000[5]. Insgesamt geht laut den in den letzten Jahren veröffentlichten Daten des Statistikamts die Zahl der Studierenden systematisch zurück (vgl. Abb. 2):

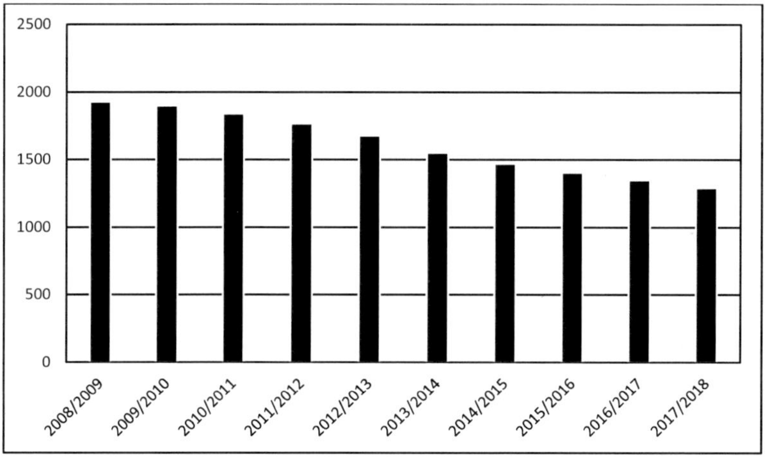

Abb. 2: Die Entwicklung der Studierendenzahl in Polen von 2008/2009 bis 2017/2018 (Angabe in Tsd.), Quelle: www.stat.gov.pl

[5] www.stat.gov.pl

Als wichtigste Gründe für den Rückgang sind zu nennen:

- Die demografischen Veränderungen mit dem Rückgang der Zahl an Kindern und Jugendlichen und der Konsequenz, dass es immer weniger Schüler, die das Abitur bestehen, und es dadurch auch weniger Studierende gibt.
- Die in Polen zunehmende Wahl nicht-akademischer Bildungswege: Die Zahl der Personen, die sich für non-formales und informelles Lernen entscheiden, steigt. Immer mehr Leute wählen gerne Kurse, Workshops, Privatstunden oder Umschulungen am Arbeitsplatz[6].
- Die gute wirtschaftliche Lage, weswegen sich immer mehr junge Leute für eine Arbeitstätigkeit anstatt eines Studiums entscheiden.

Gleichzeitlich steigt die Anzahl der ausländischen Studierenden; mehr als die Hälfte davon kommt aus der Ukraine[7].

Der Wettbewerb unter den Hochschulen nimmt zu. Daher versuchen sie, entsprechende Lösungen zu entwickeln, um nicht nur dem Rückgang der Studierendenzahl entgegenzuwirken, sondern auch um neue Studenten anzuwerben.

Auch die Entwicklung der Informationstechnologie hat einen Einfluss auf Hochschuldienstleistungen. Die Menschen, die Interesse an einem Studium haben, suchen hierzu immer häufiger gezielt nach für sie relevanten Informationen. Es bleibt nicht ohne Bedeutung, dass es heutzutage – u. a. dank der EU-Mitgliedschaft – erweiterte Studienwahlmöglichkeiten gibt; nicht nur auf nationaler Ebene, sondern auch im Ausland. Die Marke bzw. das Image, das eine Hochschule hat, spielt daher auch eine Rolle im Entscheidungsprozess. Wie Leute über eine Hochschule sprechen und wie sie sie sehen (auch kommuniziert über die sozialen Medien), sind demnach Aspekte, die diesen beeinflussen[8].

---

6 A. Wittenberg, *Uczelniom ubywa studentów. Puste miejsca zajmują cudzoziemcy,* 27.06.2018, www.serwisy.gazetaprawna.pl

7 ww.perspektywy.pl, Zugriff am 12.05.2019

8 A. Drapińska (2010), *Zachowania klientów na rynku usług edukacyjnych szkół wyższych,* Zeszyty Naukowe Uniwersytetu Szczecińskiego, Ekonomiczne Problemy Usług nr 54, (Nr. 594).

Beispiele für Aktivitäten zur Gewinnung neuer Studenten sind[9]:

- Die Internationalisierung der Ausbildung durch die Rekrutierung ausländischer Studierender
- Die Steigerung von Aktivitäten, die das Unternehmensumfeld in der Region miteinbeziehen (z. B. durch die Veranstaltung von Seminaren bzw. Workshops, kooperative Forschung, Austausch mit der Lokalpolitik, etc.)
- Ein größeres Bildungsangebot für Menschen ab 30 und über 40 Jahren
- Die Erweiterung des Studienangebots um neue, attraktive Studienfächer
- Die Schaffung der Möglichkeit, ein Praktikum während der Studienzeit zu absolvieren

Im akademischen Jahr 2017/2018 gehörten laut Statistikamt zu den beliebtesten Studienfächern in Polen[10]:

- Business Studies, Verwaltung und Recht (21,9 %)
- Technologie, Industrie, Bauwesen (18,2 %)
- Sozialwissenschaften, Journalismus und Information (11,6 %)
- Gesundheits- und Sozialwesen (10,9 %)

In der Literatur wird auf die schwierigen Bedingungen für das Funktionieren der Hochschulen auf dem Bildungsmarkt hingewiesen. Deswegen sind Universitäten gezwungen, Marketingaktivitäten durchzuführen, die an ihre Zielgruppe, d. h. potenzielle Studenten, gerichtet sind[11].

---

[9] www.edulider.pl, Zugriff am 12.05.2019

[10] www.stat.gov.pl, Zugriff am 20.05.2019

[11] A. Drapińska (2010), *Zachowania klientów na rynku usług edukacyjnych szkół wyższych,* Zeszyty Naukowe Uniwersytetu Szczecińskiego, Ekonomiczne Problemy Usług nr 54, (Nr. 594).

1 Einleitung

Marvin Grabs & Klaus-Henning Hoffmann

1.1 Problemstellung

Aufgrund des Organisationsgestaltungskonzepts Industrie 4.0 und der generellen Digitalisierung benötigen alle Organisationen (Unternehmen, Behörden, soziale Einrichtungen) immer mehr hochqualifizierte Mitarbeiter. Die Anzahl an spezialisierten Studiengängen nimmt stetig zu und somit auch die Zahl an Hochschulen, Universitäten und privaten Hochschulen, die diesen Bedarf decken wollen. Die Hochschulen stehen dementsprechend im Wettbewerb, um Studenten für sich zu gewinnen. Sie müssen auf sich aufmerksam machen, um als attraktive Hochschule wahrgenommen zu werden und sich mitunter gegen bekannte, große und renommierte Hochschulen durchzusetzen. Hochschulmarketing ist hierbei von wichtiger Bedeutung, um sich von anderen Hochschulen abzuheben. Vergleichbar mit einem USP aus dem Produktmarketing muss die Einzigartigkeit der Hochschule zur Geltung kommen. Das Hochschulmarketing der Universität Stettin überzeugt bisher zu wenig potenzielle Studierende. Daher hat die Universität Stettin einen Rückgang von Studierenden zu verzeichnen. Bisher hat sie jedoch keine Gegenmaßnahmen ergriffen, um dem Rückgang entgegenzuwirken.

1.2 Zielsetzung

Ziel der Arbeit ist es, die Beweggründe der aktuellen Studenten zu erfassen, weshalb sie sich für ein Studium an der Universität Stettin entschieden haben. Des Weiteren werden die aktuellen Bildungsmarketingmaßnahmen sowie die Merkmale des polnischen Arbeitsmarktes und Bildungsmarktes im Vergleich zum deutschen erfasst. Aus diesen Erkenntnissen sollen Maßnahmen für ein erfolgreiches Bildungsmarketing abgeleitet und konzipiert werden. Daraus entstehen Handlungsempfehlungen, um mehr Studenten für die Universität Stettin zu begeistern und gewinnen.

1.3 Vorgehensweise

Die Arbeit gliedert sich in eine externe und interne Analyse mit daraus resultierenden Handlungsempfehlungen für zukünftige Marketingmaßnahmen. Die externe Analyse beginnt mit der Auseinandersetzung mit dem Bildungsmarketing. Es werden Begriffsdefinitionen erläutert und allgemeine Informationen zum Begriff Bildungsmarketing gegeben. Anschließend wird das Hochschulmarketing bezüglich des Social-Media-Auftritts bewertet, um Verbesserungspotenziale aufzuzeigen. Im zweiten Schritt werden das Schulsystem und der Arbeitsmarkt von Deutschland und Polen beleuchtet. Dabei sollen eventuelle Unterschiede oder Parallelen aufgezeigt werden. Abschließend werden die externen Faktoren analysiert und systematisch geordnet, um die Chancen und Risiken des Umfeldes der Universität aufzuzeigen. Im Rahmen der internen Analyse wird ein Fragebogen konzipiert, um die aktuellen Beweggründe der Studenten zu erfassen, weshalb sie sich für die Universität Stettin entschieden haben. Dieser wird anschließend ausgewertet und interpretiert, um ein speziell auf die Zielgruppe ausgerichtetes Bildungsmarketingkonzept zu entwerfen. Hier werden die Handlungsempfehlungen gezielt Anregungen für mobile Websites, Social Media, Messebesuche, Hochschulevents und Alumni Management liefern.

2 Bildungsmarketing

Marvin Grabs & Klaus-Henning Hoffmann

Im vorliegenden Kapitel wird das Thema Bildungsmarketing, wie das integrierte Hochschulmarketing in seinen Grundlagen und Möglichkeiten beleuchtet. Dabei wird auf die Zusammenführung der Bereiche Bildung und Marketing eingegangen, wie die Begriffe Marketing und Bildungsmarketing definiert.

2.1 Bildung und Marketing

Bevor eine Definition des Begriffs „Bildungsmarketing" vorgenommen werden kann, ist festzuhalten, dass die Integration des betriebswirtschaftlichen Instrumentes Marketing in den Bereich Bildung mit großem Widerstand zu kämpfen hatte. Die Grundlage hierfür bildete die Wahrnehmung des Marketings als Manipulation und Betrug, die im Bildungsbereich fehl am Platz sei (i.S.v. reiner Warenwerbung). Doch klar ist, ohne betriebswirtschaftliche Grundeinsichten und Basiskenntnisse klassischer Marketinginstrumente sind Bildungseinrichtungen im Hinblick auf die Angebotsfinanzierung in der heutigen Zeit immer weniger gut zu führen. Somit mussten zahlreiche Vorbehalte gegen die betriebswirtschaftliche Diktion, wie entsprechende Denkweisen im Marketing überwunden werden, um diese Integration zu vollführen (internes Marketing). Dabei kann die Implementierung einer Marketingstrategie im Idealfall als Organisationentwicklung im Zuge eines Change Prozesses integriert werden. Hierbei darf die Marketingstrategie nicht im Gegensatz zu pädagogisch didaktischen Zielvorstellungen betrachtet werden, sondern eher als Hilfsmittel zu deren Realisierung (vgl. Barz 2010, S. 415; Dybrowski 2002, S. 3).

2.2 Marketing

Marketing befasst sich mit allen Maßnahmen einer Organisation oder eines Betriebes, die sich am Marktgeschehen, am Kundennutzen, am Angebot oder der Strategie orientieren und darauf abzielen, den Absatz zu fördern. Erweiternde Aspekte des Marketings sind die Kundenbindung zur Befriedigung der Kundenbedürfnisse, Nachhaltigkeit und die Berücksichtigung der Interessen vorhandener Stakeholder. Jedoch haben sich neben dem Ziel der starren Absatzförderung weitere Aspekte des Marketingbegriffs etabliert (vgl. Barz 2010, S. 416). Diese beziehen sich auf den Ansatz, „dass es sich bereits bei der Produktentwicklung und bei der strategischen Ausrichtung der Unternehmens- bzw. Organisationsaktivitäten um elementare Marketingprozesse handelt" (Barz 2010, S. 416; siehe auch Günter & Hausmann 2009, S. 9 ff.).

2.3 Bildung als Produkt

Klar ist, dass Bildungsinstitutionen somit von Marketingansätzen profitieren können. Die Frage lautet nun: Wie lassen sich klassische Marketinginstrumente auf den Bildungsmarkt übertragen? In diesem Zusammenhang wird Bildung als „Produkt wie jedes andere auch" oder mindestens als Bildungsangebot in Form einer Dienstleistung wie jede andere auch wahrgenommen. Dies bildet die Grundlage dieser Adaption. Doch genau das ist Bildung nicht, da beispielsweise kein vergleichbares Produkt für Bildung vorliegt. Dadurch wird Bildung zu einem besonderen bzw. komplexen Produkt. Eine dieser Besonderheiten ist, dass Bildung sowohl als konsumtives als auch investives Gut auftreten kann. Denn Bildung kann der absichtslosen Horizonterweiterung, der freizeitorientierten Unterhaltung und der Investition in Humankapital dienen (spezifische Qualifikation). Erweiternd ist zu sagen, dass der Kunde bzw. Teilnehmer selbst wesentlich an der Leistungserstellung des Produkts „Bildung" beteiligt ist. Dies zeigt sich in der Interaktion zwischen Anbieter und Nachfrager, ohne die das Produkt „Bildung" nicht erstellt werden kann.

Dazu ist Bildung immaterieller Natur, was die Übereinstimmung mit dem Dienstleistungsbereich erhöht. Dadurch liegt jedoch eine Schwierigkeit in der Kommunikation und Darstellbarkeit vor. Ein Beispiel: „Ein Lehrbuch ist zwar stapel-, transport- und lagerfähig - eine Bildungsveranstaltung aber nicht" (Barz, 2010, S. 417). Somit können Bildungsleistungen als Vertrauensgüter bezeichnet werden, solange zusätzlich zu den objektiven Informationen auch weiche Faktoren wie

Empfehlungen durch vermittelte Einschätzungen kaufentscheidend sind. Dies bedeutet, der Nachfrager vertraut auf den Nutzwert bezüglich der Anwendbarkeit des Bildungsinhaltes, der eventuell erst mit gewisser Verzögerung zur persönlichen Anwendung kommen kann. Hiermit ist die Entscheidung für ein Bildungsangebot durch einen Unsicherheitsfaktor geprägt. Dies spiegelt sich auch bei der Interpretation des Preises einer Bildungsdienstleistung wider, wobei es hier an eindeutigen Maßstäben fehlt, da Bildung einerseits kostenlos und andererseits sogar verpflichtend angeboten wird. Ein wichtiger Aspekt dieser Betrachtung ist, dass Bildungsangebote nicht unbedingt direkt durch den Endkonsumenten beim Lehrer bzw. Trainer erworben werden können. Dazwischen liegt einerseits ein Auftraggeber bzw. Finanzier - dies kann beispielweise die Agentur für Arbeit oder die Personalabteilung eines Unternehmens sein - und andererseits die Bildungseinrichtung der Arbeitgeber des Lehrbeauftragten. Dadurch entsteht eine „doppelstöckige" Kundenbeziehung, da Teilnehmer und Lernende sich direkt gegenüberstehen, der Vertrag über Bildungsmaßnahmen aber z. B. durch Unternehmen und Bildungsträger geschlossen wird.

Abschließend ist festzuhalten, dass Bildungsangebote in unterschiedliche Konstellationen auf dem Bildungsmarkt auftreten. So wird beispielsweise zwischen privaten und öffentlichen Trägern unterschieden (Beispiel: öffentliche Grundschule vs. private Hochschulangebote) (vgl. Barz 2010, S. 416 ff.).

2.4 Bildungsmarketing

Marketing für Bildungsanbieter wird nach Meffert folgendermaßen definiert, wobei Bildungsinstitute im engeren Sinn keine Unternehmen darstellen:

„Marketing hat als Unternehmensaufgabe den Aufbau, die Aufrechterhaltung und die Verstärkung der Beziehungen zum Bildungsnachfrager, anderen Partner und gesellschaftliche Anspruchsgruppen zu gestalten. Mit der Sicherung der Unternehmensziele sollen auch die Bedürfnisse der beteiligten Gruppen befriedigt werden" (Bernecker 2007, S. 44).

Bei Bildungsmarketing handelt es sich im engeren Sinn um eine Art des Dienstleistungs- bzw. Non-Profit-Marketings. Dies lässt sich anhand des Marketingvorgehens eines Bildungsanbieters erklären, das sich maßgeblich von der Vorgehensweise eines Konsumgüterherstellers unterscheidet. So besteht das Marketingkonzept eines Bildungsanbieters zwar aus den klassischen Bestandteilen eines Marketingkonzepts: der Marktanalyse, dem Marketing-Mix und einem daraus ausformulierten Marketingplan (vgl. Barz 2010, S. 416). Jedoch werden diese im Bereich des Marketing-Mix erweitert.

Die Basis bilden hier die 4 Ps, die im Dienstleistungsmarketing um 3 Ps erweitert werden (vgl. Meffert & Bruhn 2006, S. 388):

- „people“ (Personalpolitik, Dienstleistungspersonal)
- „process“ (Dienstleistungserstellungsprozess)
- „physical facilities“ (Physisches Leistungspotenzial)

2.5 Hochschulmarketing

Hochschulen sind ein existenzieller Bestandteil unseres heutigen Bildungssystems. Sie sind wichtiger Pfeiler der Aus- und Weiterbildung und der Förderung des wissenschaftlichen Nachwuchses und tragen somit zur Entwicklung des Arbeitsmarktes bei (vgl. Schavan 2009, S. 1 ff.). Jedoch unterliegen Hochschulen traditionell einer „doppelten Systembindung“. Zum einen sind sie den Qualitätsstandards des Hochschul- und Wissenschaftssystem unterworfen. Zum anderen unterliegen sie den Anforderungen des in erster Linie bedarfs- und nachfrageorientierten Weiterbildungssektors und müssen diesem genügen. Dazu ist der Weiterbildungssektor durch zahlreiche privatrechtlich verfasste Einrichtungen sehr konkurrenzstark (vgl. Banscherus et al. 2016, S. 105). Dieser Wettbewerb macht es Hochschulen unmöglich, sich ohne Marketing bzw. Bildungsmarketing voneinander zu differenzieren und auf sich aufmerksam zu machen. Dies ist vor allem auf neu entwickelte Bildungskonzepte und Leistungskategorie zurückzuführen. Hochschulmarketing ist somit Bestandteil des Bildungsmarketings. Aus diesem Wettbewerb ergibt sich ein marktorientiertes Verhalten seitens der Hochschulen. Sie müssen daher in dieser Situation eine eigene Identität entwickeln und sich als unverkennbare Bildungsinstitution mit prägnanten Profilen der Ziel- bzw. Anspruchsgruppe präsentieren (vgl. Schneider 2012, S. 39). Daraus erlangen Hochschulen die Erkenntnis, dass eine langfristige Existenzsicherung anders nicht zu erreichen sein wird. Aus dieser Vorstellung müssen langfristige Marketingmaßnahmen entwickelt werden, die unter anderem zu folgenden Aspekten beitragen respektive eingesetzt werden:

- *Studierendenwerbung/-recruitment:* Erhöhung der Auslastung der Kapazitäten (Programm- und Produktionspolitik = Leistungspolitik)
- *Studiengebühren:* Steigerung der Preispolitik bzw. der Bedeutung von Studiengebühren (Preispolitik = Gegenleistungspolitik)
- *Schulprogramme:* Erhöhung des Bekanntheitsgrades/frühe Festlegung von Präferenzen/Erhöhung der Studienbereitschaft/ Nachkommen ihrer bildungspolitischen Verantwortung
- *Imagepolitik:* Optimierung des Außenbildes (Stakeholder: Gesellschafft, Bevölkerung, Politiker, Arbeitgeber ...)/positive Gestaltungsmöglichkeit
- *Public Understanding of Sciences and Humanities („Push"):* Förderung der Allgemeinbildung/Wissenschaft für breite Schichten der Bevölkerung begreifbar bzw. greifbar machen/Bedeutung von Hochschulen für Gesellschaft und Region darstellen
- *Internetkommunikation:* Entsprechend der hohen Bedeutung des Internets in der Außenkommunikation richten Hochschulen ihrer Internetauftritte auf die Bedürfnisse der Zielgruppe aus
- *Aluminiarbeit:* Netzwerken und Beziehungspflege
- *Fundraising:* Umfängliche wissenschaftliche, praktische und beraterische Aktivitäten charakterisieren diesen Bereich des Beschaffungsmarketings
- *Hochschulsponsoring*
- *Sonstiges:* Optimierung des Studierendenservices sowie des Umfeldes/Optimierung des Auslandskontakts (Studienprogramme/Weiterbildungsangebote)

Daraus ergibt sich, wie umfangreich das Thema Hochschulmarketing aufgestellt ist. Vor diesem Hintergrund lassen sich strategische Zielvorstellungen des Hochschulmarketings ableiten:

- Lebenslange Bildung für Studierende und Alumni
- Kapazitätsauslastung in der Lehre
- Gestaltung und Pflege der Beziehung zu aktuell und potenziell Beschäftigten
  potenziellen Mitarbeiterinnen
- Verbesserung und Diversifizierung der finanziellen Basis
- Entwicklung eines positiven Images in der Öffentlichkeit

Dabei ordnen sich die aufgezählten Ziele dem genannten Oberziel der Existenzsicherung der jeweiligen Hochschule unter. Diese Ziele machen deutlich, dass es angesichts der Vielzahl an Stakeholdern erforderlich ist, dass die unterschiedlichen Aufgabenfelder Public Relations, Presse- und Öffentlichkeitsarbeit, Kommunikation und Marketing ihre Zusammenarbeit stärken, um den bestmöglichen Erfolg zu erreichen (vgl. Müller-Böling 2007, S. 266 ff.).

Neben den Möglichkeiten stößt das Marketing im Hochschulbereich jedoch auch an Grenzen der Umsetzbarkeit. Unterschiede zum privaten Dienstleistungssektor liegen zum einen im Bildungsauftrag der Hochschulen und zum anderen in der hochschulbezogenen Freiheit der Forschung. Hierbei legen bzw. formulieren unterschiedliche Anspruchsgruppen (z. B. Gesellschaft im Allgemeinen, Arbeitgeber, etc.) eigene Anforderungen hinsichtlich universitärer Forschung und Lehre. Dies bedeutet, dass die Hochschule sich nicht nur an den Wünschen ihrer Kunden im engeren Sinn (Studierende) orientieren kann, sondern sich auch nach den Interessen der Anspruchsgruppen richten muss. Zudem liegt ein durch den Staat festgeschriebener Bildungsauftrag vor, womit ein reiner Aufbau bezüglich der Wünsche und Bedürfnisse dieser zwei Interessengruppen nicht möglich ist. Der Bildungsauftrag beinhaltet darüber hinaus eine Angebotsorientierung, die unabhängig von der Nachfrage zu sehen ist. Dies bedeutet, es ist erforderlich, dass jeder Dozierende im Rahmen seiner grundgesetzlich garantierten Autonomie entsprechende Inhalte bzw. Werte in die Lehrgestaltung mit einbringt. Dabei ist es nicht notwendig, dass diese nachgefragt werden (vgl. Müller-Böling 2007, S. 266 ff.). In den Mittelpunkt der Diskussion rücken demnach die Studierenden. So stellt sich die Frage, ob sie wirklich als Kunden betrachtet werden können. Denn wenn Studierende sich als Kunde fühlen, glauben sie das Recht zu haben, welches sie im alltäglichen Marktgeschehen als Kunde besitzen. Aber anders als beim Bezahlen eines Produktes in der Wirtschaft reicht die Zahlung der Studiengebühr nicht aus, um einen akademischen Abschluss zu erwerben. Abschließend kann festgehalten werden, dass Hochschulmarketing in der kritischen Betrachtung im Hinblick auf Lehre, Forschungsfreiheit und die Betrachtung des Kundenverhältnisses an seine Grenzen stößt. Diese Gesichtspunkte machen Hochschulmarketing aber keineswegs überflüssig (vgl. Röttger & Laukötter 2019, S. 173 ff.).

2.5.1 Hochschulmarketing der Universität Stettin

Im Folgenden wird eine externe Betrachtung der Universität Stettin vorgenommen. Dabei wird die jeweilige Hochschulwebsite inkl. externer Darstellungsmöglichkeiten im Bereich Social Media analysiert (Internet-Kommunikation). Erweiternd wird auf vor Ort wahrzunehmende Aspekte wie die bereits aktuell durchgeführten Marketingmaßnahmen der Universität Stettin eingegangen.

2.5.2 Maßnahmen der Universität Stettin

Die in der Problemstellung erläuternde sinkende Studierendenzahl bzw. sinkender Zuwachs an Studierenden, zwang die Universität Stettin im letzten Jahr aktiv in den Bereich Marketing zu investieren.

Dabei wurden folgende Maßnahmen durchgeführt:

- Schülerprogramme: Besuch von und Führung mit Partnern des Schulsystems über einen Zeitraum von 3 Monaten (jeden Mittwoch)
- Kostenaufwendige Platzierungsmaßnahmen: Buswerbung, Radiowerbung, Zeitungswerbung, etc.
- Promotionskampagne: Facebook-Aktion (offene Vorlesungen)
- Angebotene Führungen durch die Laborräume
- Durchführung von Workshops mit Partnerunternehmen (aus der Region Stettin)
- Tag der offenen Tür/Konferenz der Lehrer (im Bereich BWL)

Eine Analyse der Hochschulwebsite der Universität Stettin ergab, dass die Universität Stettin gebündelt alle ihre Fakultäten auf einer Hochschulwebsite darstellt (Abb. 2)[12]. Diese bildet die Grundwebsite zu den vorhandenen Fakultäten und entspricht in dieser Darstellungsform, subjektiv betrachtet, nicht den zeitlich-technischen Standards. Sie erscheint somit nicht nutzerfreundlich und vom Design her nicht ergreifend (Webdesign)[13]. Die Websites der Fakultäten können über einen Link auf der Hochschulwebsite erreicht werden. Dadurch ist Schritt 1,

[12] Geisteswissenschaften, Rechtwissenschaften und Verwaltung, Naturwissenschaften, Mathematik und Physik, Wirtschaftswissenschaften und Management, Management und Dienstleistungsökonomie, Theologie, Geowissenschaften, Philologie

[13] Es werden unterschiedliche Schriftsätze, Pop-Ups, Werbeclips, etc. verwendet.

die Erreichbarkeit dieser Website, sehr komplex bzw. kompliziert. Darüber hinaus ist der Informationsfluss in Schritt 1 (Grundwebseite) sehr begrenzt (vgl. Abb. 2, Abschnitt 2.7).

Über den angegebenen Link erreicht der Nutzer nun die fakultätsbezogene Website. Im Falle der Fakultät für Wirtschaftswissenschaften und Management wird kurz auf die Fakultät und ihre Geschichte, die angebotenen Studiengänge, die Bibliothek und deren Stärken eingegangen. Dabei ist es für den Nutzer möglich, zu den anderen Fakultätswebseiten zu wechseln (durch den Link oben rechts) (vgl. Abb. 3, Abschnitt 2.7). Einerseits bietet dies den Vorteil der schnellen Erreichbarkeit. Andererseits besitzt jede Fakultät einen anderen Aufbau, wie z. B. ein unterschiedliches Webdesign. Für den fremden Nutzer kann dies problematisch sein. Gerade in Bezug auf ein gemeinsames öffentliches Auftreten der Universität Stettin ist dies nicht zielführend (Imagepolitik). Aus den unterschiedlichen Webseiten stechen jedoch die der Fakultäten[14] heraus, die sich technisch wie optisch sehr von den anderen Fakultätswebseiten[15] unterscheiden. Diese Fakultäten nutzen jeweils ein einstimmiges Template bzw. Webdesign und bieten dabei auch direkte Verbindungen zu Instagram und Facebook (vgl. Abb. 4, Abschnitt 2.7).

Im weiteren Verlauf der Analyse beziehen wir uns nun auf die Fakultät für Management und Dienstleistungsökonomie (vgl. Abb. 5, Abschnitt 2.7). Interessierte erhalten auf dieser Webseite Informationen über:

- Die Fakultät (Informationen über das Studium/Absolventen/Arbeitgeber, etc.) (vgl. Abb. 6, Abschnitt 2.7)
- Möglichkeiten im Service Inter-Lab (Was ist das Service Inter-Lab?/Manager Information Center/Laboratorien und Forschungslabore, etc.) (vgl. Abb. 7, Abschnitt 2.7)
- Die Gestaltung des Studiums (ECTS Punkte, Vollzeit/Teilzeit, Studiengänge, Erasmus-Programme, Bewerbungsmöglichkeiten) (vgl. Abb. 8, Abschnitt 2.7)
- Die Anzahl/Ausstattung von zu vermietenden Zimmern (vgl. Abb. 9, Abschnitt 2.7)

---

[14] Geisteswissenschaften, Rechtwissenschaften und Verwaltung, Naturwissenschaften, Mathematik und Physik, Theologie, Philologie, Körperkultur und Gesundheitsförderung

[15] Wirtschaftswissenschaften und Management

Im Bereich der Internetkommunikation (Studierendenwerbung/-recruitment) sind die Aktivitäten der Universität Stettin begrenzt. Eine Betrachtung der Facebook-Seiten der Universität Stettin ergibt, dass zwei unterschiedliche Webseiten vorliegen. Zum einen das „International Office – University of Szczecin" (868 Abonnenten): Die Zielgruppe dieser Webseite sind Erasmus-Studenten bzw. Austauschstudenten oder Interessenten. Die Webseite ist größtenteils auf Polnisch aufgebaut, enthält jedoch auch einen kurzen Werbeclip auf Englisch (vgl. Abb. 10, Abschnitt 2.7). Die zweite Webseite „Uniwersytet Szczecinski" (18.913 Abonnenten) bezieht sich auf die polnischen Studierenden. Leider ist nicht ersichtlich, durch welche Fakultät diese Website betrieben wird (vgl. Abb. 11, Abschnitt 2.7). Auch gibt es eine Instagram-Seite („Uniwersytet Szczecinski"). Hier wird jedoch ebenso nicht klar, durch welche Fakultät sie betrieben wird. Aktuell liegt hier noch kein Content vor. Anhand der Anzahl der Follower (291 Abonnenten) ist zu schließen, dass diese Webseite neu eingerichtet worden ist.

Im Bereich der *Public Understanding of Sciences and Humanities („Push") und Schulprogramme* ist die Universität Stettin, wie das Land Polen, sehr aktiv. Dies spiegelt sich in der wirtschaftsorientierten Kinderuni und Akademie des jungen Ökonomen wider. Nachfolgend stehen ein paar Informationen diesen Aktivitäten (vgl. Abb. 1):

EUD Ekonomiczny Uniwersytet Dziecięcy

AME Akademia Młodego Ekonomisty

CUKROWA 8 Stowarzyszenie Akademickie

ÖKONOMISCHES AUSBILDUNGSPROGRAMM FÜR KINDER UND JUGENDLICHE

Das WZiEU ist Partner eines landesweiten wirtschaftlichen Bildungsprogramms für Kinder und Jugendliche. Projektleiter ist die Stiftung zur Förderung und Akkreditierung wirtschaftlicher Richtungen an der Warschauer Wirtschaftsschule. Die Schirmherrschaft über die Veranstaltung wurde vom Bildungsminister übernommen. Das Programm wird in mehreren polnischen Städten durchgeführt: Warschau, Katowice, Białystok, Poznań, Wrocław, Stettin und Danzig.

Die Aufzeichnungen werden zweimal im Jahr geführt - im September und Februar.

Details finden Sie auf den Projektwebseiten unter diesem Programm:

- **Economic Children's University** - **EUD** - für Schüler der Grundschulen der 5. und 6. Klasse - www.uniwersytet-dzieciecy.pl
- **Akademie des jungen Wirtschaftswissenschaftlers** - **AME** - für Schüler der 7. Klasse der Grund- und Mittelschule - www.gimversity.pl
- Gleichzeitig finden Schulungen für Eltern oder Erziehungsberechtigte beider Gruppen statt.

Abb. 1: Ökonomisches Ausbildungsprogramm für Kinder und Jugendliche

2.6 Literatur

BANSCHERUS, U., PICKERT, A. & NEUMERKEL, J. (2016). Bildungsmarketing in der Hochschulweiterbildung: Bedarfsermittlung und Zielgruppenanalyse im Spannungsfeld zwischen Adressaten- und Marktorientierung. In: Wölter, A., Banscherus, U. & Kamm, C. (Hrsg.): Zielgruppen lebenslangen Lernens an Hochschulen (S. 105-136). Münster: Waxmann. Online abrufbar unter: https://www.uni-trier.de/fileadmin/forschung/weiterbildung/Seniorenstudium/2016/Wolter-et-al_open-access.pdf

BARZ, H. (2010). Bildungsmarketing. In: Barz, H. (Hrsg.): Handbuch Bildungsfinanzierung (S. 415-427). Wiesbaden: VS.

BERNECKER, M. (2007). Bildungsmarketing. Köln: Johanna.

DYBOWSKI, G. (2002). Neue Dimensionen für ein internationales Bildungsmarketing. Online abrufbar unter: https://www.bibb.de/veroeffentlichungen/de/bwp/show/738

GÜNTER, B. & HAUSMANN, A. (2009). Kulturmarketing. Wiesbaden: Springer VS.

MEFFERT, H. & BRUHN, M. (2006). Dienstleistungsmarketing. Wiesbaden: Springer Gabler.

MÜLLER-BÖLING, D. (2007). Marketing von Hochschulen - Ein Rück- und Ausblick. In: Bruhn, M, Kirchgeorg, M & Meier, J. (Hrsg.): Marktorientierte Führung im wirtschaftlichen und gesellschaftlichen Wandel (S. 263-279). Wiesbaden: Springer Gabler.

RÖTTGER, U. & LAUKÖTTER, E. (2019). Hochschulmarketing. In: Fähnrich, B., Metag, J., Post, S. & Schäfer, M. S. (Hrsg.): Forschungsfeld Hochschulkommunikation (S. 165-179). Wiesbaden: Springer VS.

SCHAVAN, A. (2009). Die Aufgabe der Hochschulen in der Wissensgesellschaft. Forschung und Lehre im 21.Jahrhundert, Berlin, Bildungsministerium für Bildung und Forschung. Online abrufbar unter: https://www.bmbf.de/pub/reden/mr090218.pdf

SCHNEIDER, A. (2012). Events als Kommunikationsinstrument im Hochschulmarketing. In: Zanger, C. (Hrsg.): Erfolg mit nachhaltigen Eventkonzepten (S. 39-54). Tagungsband zur 2. Konferenz für Eventforschung an der TU Chemnitz, Wiesbaden: Gabler.

2.7 Abbildungsverzeichnis

Abb. 2: Hochschulwebsite der Universität Stettin

Uniwersytet Szczeciński | Universität Szczecin | Fakultäten

Fakultät für Wirtschaftswissenschaften und Management
ul. Mickiewicza 64, 71-101 Szczecin
tel.: + 48 91 444 18 01
fax + 48 91 444 19 25
www.wneiz.pl

Die Fakultät für Wirtschaftswissenschaften und Management setzt sich aus 13 Lehrstühlen zusammen. Die wissenschaftlichen Mitarbeiter, deren Forschungstätigkeit auf Weltniveau steht, gehören zu den hochqualifizierten Spezialisten. Ihr Wissen und ihre Erfahrung nutzen nicht nur die Studierenden, sondern auch die ganze Region. Die wissenschaftlichen Lehrkräfte dieser Fakultät bestehen aus fast 200 Personen, darunter über 40 Professoren.

Die Fakultät besitzt volle akademische Rechte im Bereich der Wirtschaftswissenschaften. Sie ist berechtigt, den Grad eines Doktors und eines habilitierten Doktors zu vergeben sowie den Antrag auf Verleihung des Professorstitels für Wirtschaftswissenschaften zu stellen. Seit 2006 ist die Fakultat berechtigt, den Grad eines Doktors der Managementwissenschaft zu vergeben.

Zu den Starken der Fakultät für Wirtschaftswissenschaften und Management zählt die Wirtschaftswissenschaftliche Bibliothek – die alteste und größte wirtschaftswissenschaftliche Bibliothek an der Universität Szczecin und eine der modernsten Bibliotheken in der Region und im Lande. Drei Lesesale mit unbegrenztem Zugang zu den Bibliotheksammlungen auf der ganzen Welt und das Zentrum für wissenschaftliche Information bieten über 100 Sitzplätze und über 60 Computerplätze für die Eigenarbeit der Studierenden.

An der Fakultät werden die Lehrveranstaltungen sowohl in Polnisch, als auch in Englisch angeboten. Es besteht auch die Möglichkeit, einen binationalen deutsch-polnischen Studiengang abzuschließen, nach dem der Absolvent ein Doppeldiplom bekommt: Diplom der Universität Szczecin und der Hochschule Wismar.

Die Veranstaltungen finden grundsätzlich in der polnischen Sprache, in einigen ausgewählten Fächern jedoch in anderen Sprachen statt

Studiengänge:

1. Wirtschaftswissenschaften
2. Rechnungs- und Finanzwesen
3. Informatik und Ökonometrie
4. Management

Abb. 3: Website der Fakultät für Wirtschaftswissenschaften und Management

Abb. 4: Website der Fakultät für Rechtswissenschaften und Verwaltung

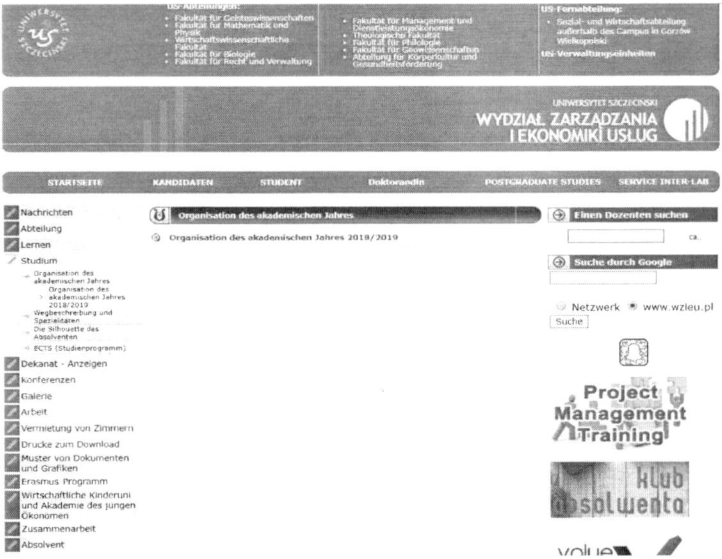

Abb. 5: Webseite der Fakultät für Management und Dienstleistungsökonomie

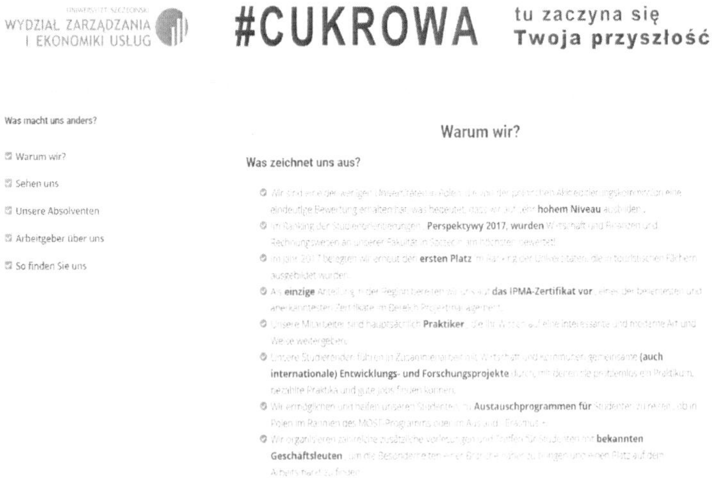

Abb. 6: „Warum wir?“
(Fakultät für Management und Dienstleistungsökonomie)

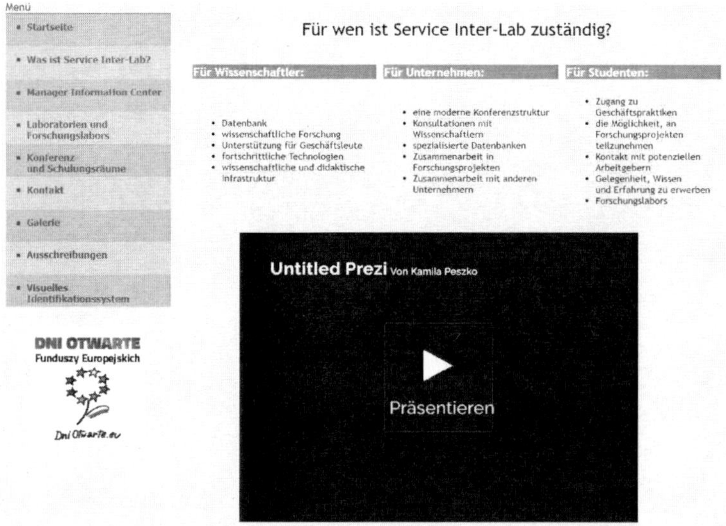

Abb. 7: Service Inter-Lab
(Fakultät für Management und Dienstleistungsökonomie)

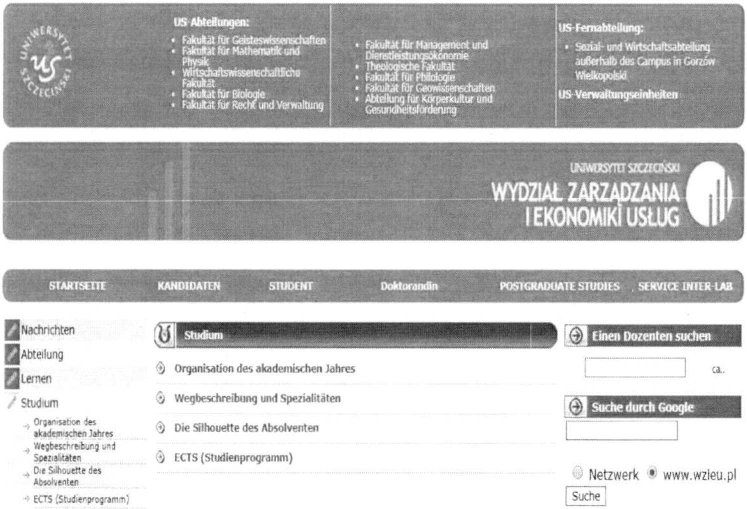

Abb. 8: Studium
(Fakultät für Management und Dienstleistungsökonomie)

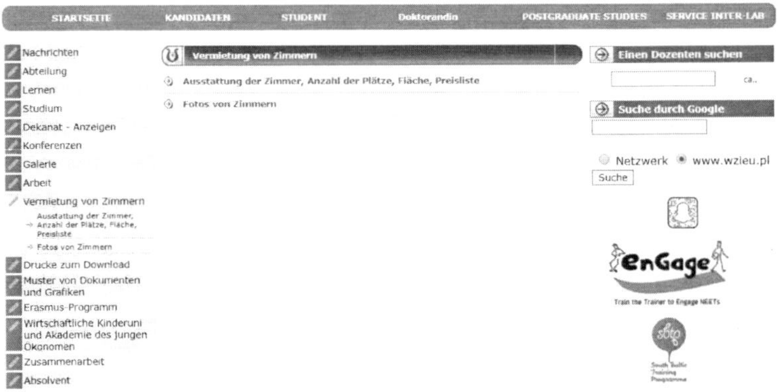

Abb. 9: Vermietung von Zimmern (Fakultät für Management und Dienstleistungsökonomie)

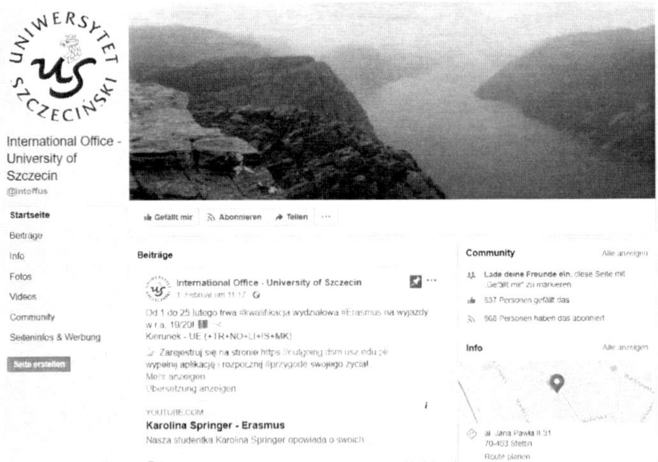

Abb. 10: Facebook-Website des International Office der Universität Stettin

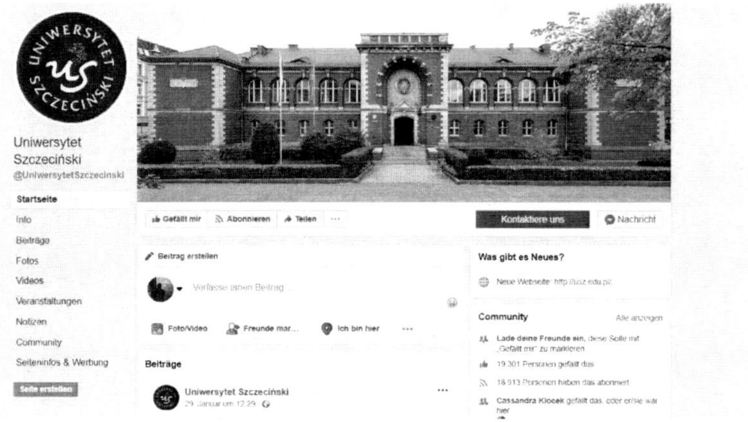

Abb. 11: Facebook-Website der Universität Stettin

3 Arbeitsmarkt

Julia Ihlenfeld

3.1 Definition Arbeitsmarkt

Der Arbeitsmarkt ist ein „Markt, auf dem das Arbeitsangebot der privaten Haushalte und die Arbeitsnachfrage der Unternehmen sowie des Staates zusammentreffen" (Henneberger et al. 2018, o. S.).

Die vorwiegenden Marktteilnehmer sind folglich auf der Nachfrageseite die privaten Unternehmen und öffentliche Haushalte, auf der Anbieterseite die privaten Haushalte. Aufteilungen des Gesamtarbeitsmarktes zum Zweck der besseren Betrachtung erfolgen in die Teilarbeitsmärkte nach Regionen, nach Berufen, nach Qualifikationen oder nach Personengruppen. Der Unterschied des Arbeitsmarktes im Vergleich zu anderen Märkten sind die Sonderbedingungen, denen er unterliegt. Hierzu zählt beispielsweise, dass die Höhe der Löhne und Gehälter nicht durch den, durch Angebot und Nachfrage bestimmten, Preis gebildet werden, sondern, dass die Höhe durch Tarifverhandlungen der Arbeitgeberverbände und Gewerkschaften entsteht. Zusätzlich herrscht auf dem Arbeitsmarkt der Einfluss von Verordnungen aus dem Arbeits- und Sozialrecht. Des Weiteren wird die Funktionsfähigkeit des Arbeitsmarktes durch die fehlende Flexibilität und Mobilität der Arbeitnehmer gedämpft. Durch diese Sonderbedingungen wird der Arbeitsmarkt folglich nicht ausschließlich durch das Gesetz von Angebot und Nachfrage geregelt (vgl. Bundeszentrale für politische Bildung 2018, o. S.).

3.2 Begriffsdefinitionen

Im folgenden Kapitel werden einige Begriffe erläutert, welche in den kommenden Kapiteln verwendet werden. Die Begriffe sind essenziell für das Verständnis dieser Arbeit.

3.2.1 Erwerbspersonen

Unter dem Begriff der Erwerbspersonen werden alle Erwerbstätigen und Erwerbslosen zusammengefasst (vgl. Statistisches Bundesamt 2018, S. 11).

3.2.2 Erwerbstätigenquote

Unter der Erwerbstätigenquote versteht man den „Anteil der Erwerbstätigen an der Gesamtbevölkerung der gleichen Altersgruppe. Dabei werden alle Personen als erwerbstätig gezählt, die eine bezahlte Tätigkeit ausüben, unabhängig davon, ob diese in Vollzeit oder lediglich in einer Stunde pro Woche stattfindet" (Statistisches Bundesamt 2018, S. 7).

3.2.3 Erwerbslosenquote

Die Erwerbslosenquote bezeichnet den „Anteil der Erwerbslosen an der Erwerbsbevölkerung der gleichen Altersgruppe. Als erwerbslos gilt, wer im betreffenden Zeitraum nicht erwerbstätig war, aber nach eigener Auskunft in den letzten vier Wochen vor der Befragung aktiv nach einer Tätigkeit gesucht hat und eine neue Arbeit innerhalb von zwei Wochen aufnehmen könnte" (Statistisches Bundesamt 2018, S. 11).

3.2.4 Ungenutztes Arbeitskräftepotenzial

Das ungenutzte Arbeitskräftepotenzial bezeichnet die Summe aller Unterbeschäftigten, Erwerbslosen und Nichterwerbspersonen in Stiller Reserve (vgl. Statistisches Bundesamt 2018, S. 15).

3.2.5 Personen in Stiller Reserve

Unter der Stillen Reserve versteht man Personen, die eine gewisse Nähe zum Arbeitsmarkt aufweisen (vgl. Statistisches Bundesamt 2018, S. 15). Zum einen zählen hierunter Personen, die Arbeit suchen, „aber im Unterschied zu Erwerbslosen kurzfristig keine Arbeit aufnehmen können. Zum anderen sind dies Personen, die sich generell Arbeit wünschen und für diese auch verfügbar wären, aber [...] in den letzten vier Wochen nicht danach gesucht haben" (Statistisches Bundesamt 2018, S. 15).

3.2.6 NEET-Rate

Die NEET-Rate, ausgeschrieben „Neither in Education nor Employment or Training", bezeichnet junge Menschen „im Alter von 20 bis 24 Jahren, die weder in Aus- oder Weiterbildung noch erwerbstätig sind" (Statistisches Bundesamt 2018, S. 26). Sie unterscheidet sich dadurch von der Jugenderwerbslosenquote, indem nicht nur erwerbslose Personen, sondern auch Personen, die nicht zu den Erwerbslosen zählen, enthalten sind. Diese sind ohne Beschäftigung, suchen nicht aktiv nach Arbeit und stehen dem Arbeitsmarkt nicht kurzfristig zur Verfügung (vgl. Statistisches Bundesamt 2018, S. 26).

3.3 Arbeitsmarkt in Deutschland

Die Erwerbstätigenquote in Deutschland beträgt für die Gesamtbevölkerung derzeit 79 Prozent. Bei den jüngeren Menschen in Deutschland im Alter zwischen 20 bis 24 Jahren beträgt die Erwerbstätigenquote 70,3 Prozent. Seit 2005 bedeutet dies eine Steigerung von über 10 Prozent, was hauptsächlich durch die europaweite Einführung der Bachelor-Abschlüsse im Zuge der Bologna-Reform zustande kommt. Bei den älteren Menschen in Deutschland im Alter zwischen 60 und 64 Jahren beträgt die Erwerbstätigenquote 56,8 Prozent – der EU-Durchschnitt liegt bei 37 Prozent. Diese Zahl wurde maßgeblich durch die Anhebung des Renteneintrittsalters sowie durch die Abschaffung von Frühverrentungsoptionen beeinflusst. Die Erwerbstätigkeit der Frauen in Deutschland beträgt 74,5 Prozent und liegt somit deutlich über dem EU-Durchschnitt von 66 Prozent (vgl. Wilke 2019, S. 43 f.; Eurostat 2018, o. S.).

Der Arbeitsmarkt in Deutschland befindet sich aktuell in einer sehr guten Verfassung, was auch die Erwerbslosenquote zeigt. Diese befand sich 2017 mit 1,6 Millionen Erwerbslosen bei lediglich 3,8 Prozent. Seit 2007 hat sich die Erwerbslosenquote mehr als halbiert. Der Zusammenhang zwischen dem Bildungsabschluss und dem Risiko der Erwerbslosigkeit wurde in den vergangenen Jahren jedoch immer deutlicher. Die Erwerbslosenquote der Männer mit einer geringen Qualifikation betrug 2017 bei 10,7 Prozent, wohingegen sie bei den Hochqualifizierten lediglich 2 Prozent betrug. Bei Frauen lagen die Anteile bei 8 Prozent für Geringqualifizierte und 2 Prozent für Hochqualifizierte. Die Jugenderwerbslosenquote betrug 2017 6 Prozent – seit 2007 bedeutet dies eine Reduktion um fast die Hälfte. Die NEET-Rate in Deutschland betrug 2017 bei den jungen Menschen zwischen 20 und 24 Jahren 9 Prozent (vgl. Statistisches Bundesamt 2018, S. 10 ff.).

39,4 Millionen Menschen im Alter zwischen 20 bis 64 Jahren waren im Jahr 2017 erwerbstätig, was einem Anstieg von 6 Prozentpunkten seit 2007 entspricht. Auch das Bildungsniveau in Deutschland ist seit 2007 deutlich gestiegen. Der Grund dafür ist vor allem die zunehmende Bedeutung von Berufen mit einem hohen Anforderungsniveau, wozu spezialisierte Kenntnisse im jeweiligen Fachgebiet benötigt werden. Der Anteil der Erwerbspersonen mit einem hohen Bildungsabschluss stieg um 4 Prozentpunkte auf 29 Prozent. Trotz der hohen Erwerbstätigkeit in Deutschland bleibt ein großes Potenzial an Arbeitskräften ungenutzt. Im Jahr 2017 waren es knapp 5,1 Millionen Menschen im Alter zwischen 15 bis 74 Jahren, welche sich eine Arbeitsstelle oder mehr Arbeitsstunden wünschten. Die Zahl setzt sich zusammen aus 1,6 Millionen Erwerbslosen, 2,4 Millionen Unterbeschäftigten sowie 1 Million Personen in Stiller Reserve. Seit dem Jahr 2007 hat sich der Anteil der Erwerbstätigen in Deutschland mit einer ausländischen Staatsbürgerschaft um 48 Prozent auf 4,5 Millionen erhöht. Diese 4,5 Millionen Arbeitskräfte teilen sich auf in 2,4 Millionen Personen aus dem EU-Ausland und 2,2 Millionen Personen aus dem Nicht-EU-Ausland. Der Gesamtanteil der ausländischen Staatsbürger an allen Erwerbstätigen lag 2017 bei 11,5 Prozent. Diese Zahl verdeutlicht, dass die Bedeutung von ausländischen Arbeitskräften auf dem deutschen Arbeitsmarkt immer weiter zunimmt (vgl. Statistisches Bundesamt 2018, S. 6 ff.).

Die Arbeitswelt in Deutschland wird sich in den kommenden Jahren immer weiter verändern. Gerade der demografische Wandel wird in den kommenden Jahrzehnten neue Herausforderungen für Deutschland hervorbringen. Die Bevölkerung wird altern und gleichzeitig schrumpfen, zudem werden immer mehr Bürger mit Migrationshintergrund dazukommen (vgl. Wilke 2019, S. 37 f.).

Die Herausforderung für den Arbeitsmarkt besteht in den kommenden Jahrzehnten darin, den Folgen des demografischen Wandels entgegenzuwirken, um weiterhin wirtschaftliches Wachstum generieren zu können. Das Erwerbspersonenpotenzial, also die Anzahl an Personen im erwerbsfähigen Alter zwischen 20 und 64 Jahren mit Wohnsitz in Deutschland, wird nach heutigen Modellen bis zum Jahr 2060 um 20 bis 30 Prozent zurückgegangen sein. Dies entspricht einem Rückgang von heute 49 Millionen auf 34 bis 38 Millionen Personen. Das Potenzial am Arbeitsmarkt wird somit weiter schrumpfen, als die Bevölkerung insgesamt. Um dem Rückgang des Erwerbspersonenpotenzials entgegenzuwirken, muss die Erwerbsbeteiligung von Frauen – besonders auch nach der Elternzeit – sowie die Beschäftigung von älteren Bürgern weiter erhöht werden. Die Arbeit muss alters- und altengerecht sowie familienfreundlich gestaltet werden (vgl. Wilke 2019, S. 41 ff.).

3.4 Arbeitsmarkt in Polen

Die Erwerbstätigenquote in Polen für die Gesamtbevölkerung beträgt im dritten Quartal 2018 70,7 Prozent. Die Zahl der Erwerbstätigen liegt somit bei 16,84 Millionen. Die Erwerbstätigkeit der Frauen liegt bei 63,8 Prozent und damit etwas unter dem EU-Durchschnitt von 66 Prozent. Bei den jüngeren Menschen in Polen im Alter zwischen 20 und 24 Jahren beträgt die Erwerbstätigenquote 60 Prozent. Die Erwerbstätigenquote der älteren Bevölkerung in Polen im Alter zwischen 60 und 64 Jahren beträgt lediglich 20,2 Prozent – diese Zahl liegt deutlich unter dem EU-Durchschnitt von 37 Prozent (vgl. Eurostat 2018, o. S.).

In Polen werden mehr Arbeitsplätze geschaffen als in irgendeinem anderen Land der Europäischen Union. Seit 2004 sank die Erwerbslosenanzahl in Polen um 75 Prozent auf eine Anzahl von 812.000 Personen. Die Anzahl an Beschäftigten betrug 2017 3,5 Millionen, womit Polen direkt hinter Deutschland und Italien auf Platz drei steht. Die Erwerbslosenquote liegt dabei unter 4,5 Prozent. Das ungenutzte Arbeitskräftepotenzial in Polen betrug 2017 13 Prozent, was unter dem EU-Durchschnitt von 18 Prozent liegt. Die Anzahl der Erwerbstätigen mit ausländischer Staatsbürgerschaft in Polen liegt 2017 bei 0,5 Millionen, womit Polen auch deutlich unter dem EU-Durchschnitt von 8 Millionen liegt. Die NEET-Rate in Polen betrug 2017 15,4 Prozent, womit sich Polen im Mittelfeld des EU-Vergleichs befindet und im EU-Durchschnitt von 15,5 Prozent liegt. Auch mit der Anzahl an hochqualifizierten Erwerbspersonen im Alter zwischen 20 und 64 Jahren befindet sich Polen mit einer Anzahl von 34 Prozent genau im EU-Durchschnitt (vgl. Wozniak 2017, o. S.; Statistisches Bundesamt 2018, S. 17 ff.).

Allein im ersten Halbjahr 2017 konnte die verarbeitende Industrie in der Europäischen Union einen Zuwachs von 345.000 Arbeitsplätzen melden. Davon kamen 223.000 Arbeitsplätze aus in Polen ansässigen Werken. Unternehmen in Polen haben deshalb das Problem, Fachkräfte zu finden. Jedes zweite Unternehmen klagt über den Mangel an Personal und über Probleme bei der Personalgewinnung. Laut einer Erhebung der Personalberatung „Work Service" „müssen bereits heute knapp ein Drittel der Unternehmen wegen Personalmangel auf neue Aufträge verzichten" (Wozniak 2017, o. S.). Nach Zahlen des Statistischen Hauptamtes GUS gab es gegen Ende des zweiten Quartals 2018 bereits über 165.000 unbesetzte Arbeitsstellen. Binnen eines Jahres ist diese Zahl um 35 Prozent gestiegen. Die Gründe für den Personalmangel sind die finanziellen Erwartungen der Bewerber, die einhergehen mit unzureichend vorhandenen Kompetenzen. Besonders stark trifft es hierbei das verarbeitende Gewerbe, die Bauindustrie sowie den Handel. Zum Ende des 1. Halbjahres 2018 gab es 38.000 unbesetzte Arbeitsstellen im verarbeitenden Gewerbe, 31.000 im Bausektor und 28.000 freie Stellen im Handel. Die Schätzungen gehen davon aus, dass diese Anzahl zunimmt. Jedoch ist dieser Engpass am polnischen Arbeitsmarkt regional unterschiedlich. Während in den Woiwodschaften, den polnischen Verwaltungsbezirken, Masowien, Großpolen, Schlesien sowie auch Kleinpolen große Engpässe herrschen, gibt es in nordöstlichen Regionen weniger unbesetzte Stellen. Die Arbeitslosigkeit ist aber im Nordosten Polens höher. Prognosen gehen davon aus, dass diese Ungleichheiten mit der Zeit abnehmen werden (vgl. Becker 2018, o. S.).

Der Fachkräftemangel, der sich aus der Menge der unbesetzten Stellen ergibt, wirkt sich zudem negativ auf die Investitionsaktivitäten der Unternehmen aus. Innerhalb eines Jahres stieg der Anteil der Firmen, die ihre Investitionen kürzen oder sogar ganz streichen mussten, auf 16,4 Prozent. Dies entspricht einer Erhöhung um 4 Prozentpunkte. Diese Fakten wirken sich auch auf die gezahlten Gehälter aus. Elektronikhersteller in Polen mussten innerhalb eines Jahres knapp 9 Prozent Gehaltserhöhungen gewähren; im Einzelhandel und der Produktion lagen die Erhöhungen ebenfalls bei einer hohen Quote (8 Prozent). Im Baugewerbe, der Nahrungsmittelbranche oder bei KFZ-Betrieben betrugen die Steigerungen zwischen 6 und 6,5 Prozent (vgl. Becker 2018, o. S.; Wozniak 2017, o. S.).

Für die Zukunft Polens und die Bekämpfung des herrschenden Fachkräftemangels gilt es, zusätzlich zu der Migration, die Beschäftigung von älteren Personen zu erhöhen, da die Beschäftigungsquote ebendieser weit unter dem EU-Durchschnitt liegt. Zudem ist eine Nachbesserung des Berufsausbildungssystems eine weitere Möglichkeit zur Bekämpfung des Fachkräftemangels. Eine Anlehnung an das deutsche Modell einer dualen Berufsausbildung wäre hier eine Möglichkeit (vgl. Becker 2018, o. S.).

3.5 Literatur

BECKER, N. (Hrsg.) (2018). Engpässe am polnischen Arbeitsmarkt werden deutlicher. Online abrufbar unter: https://www.gtai.de/GTAI/Navigation/DE/Trade/Maerkte/suche,t=engpaesse-am-polnischen-arbeitsmarkt-werden-deutlicher,did=2149150.html (zuletzt abgerufen am 21.12.2018).

BUNDESZENTRALE FÜR POLITISCHE BILDUNG (Hrsg.) (2018). Arbeitsmarkt. Online abrufbar unter: http://www.bpb.de/nachschlagen/lexika/lexikon-der-wirtschaft/18677/arbeitsmarkt (zuletzt abgerufen am 14.12.2018).

EUROSTAT (Hrsg.) (2018). Erwerbsquoten nach Geschlecht, Alter und Staatsangehörigkeit. Online abrufbar unter: https://ec.europa.eu/eurostat/web/lfs/data/database (zuletzt abgerufen am 28.12.2018).

HENNEBERGER, F., KELLER, B. & WOHLTMANN, H.-W. (Hrsg.) (2018). Arbeitsmarkt. Online abrufbar unter: https://wirtschaftslexikon.gabler.de/definition/arbeitsmarkt-28241/version-251876 (zuletzt abgerufen am 27.12.2018).

STATISTISCHES BUNDESAMT (Hrsg.) (2018). Arbeitsmarkt auf einen Blick – Deutschland und Europa. Online abrufbar unter: https://www.destatis.de/DE/Publikationen/Thematisch/Arbeitsmarkt/Erwerbstaetige/BroeschuereArbeitsmarktBlick0010022189004.pdf?__blob=publicationFile (zuletzt abgerufen am 28.12.2018).

WILKE, C. (2019). Auswirkungen des demografischen Wandels auf den Arbeitsmarkt. In: Hermeier, B., Heupel, T. & Fichtner-Rosada, S. (Hrsg.): Arbeitswelten der Zukunft - Wie die Digitalisierung unsere Arbeitsplätze und Arbeitsweisen verändert (S. 37-48). Wiesbaden: Springer Gabler.

WOZNIAK, M. (Hrsg.) (2017). Polnischer Arbeitsmarkt wird zur Herausforderung. Online abrufbar unter: https://www.gtai.de/GTAI/Navigation/DE/Trade/Maerkte/suche,t=polnischer-arbeitsmarkt-wird-zur-herausforderung,did=1801094.html (zuletzt abgerufen am 22.12.2018).

4 Bildungssystem

Alicia-Marie Wolpert

Im nachfolgenden Kapitel wird auf die Struktur und den Aufbau des Bildungssystems in Deutschland und Polen eingegangen.

4.1 Bildungssystem im Deutschland

4.1.1 Hintergrundinformationen

In Deutschland sind Kinder in der Regel ab dem Jahr der Vollendung des sechsten Lebensjahres gesetzlich zum Schulbesuch verpflichtet. Darüber hinaus gibt es jedoch auch die Möglichkeit, dass man die Einschulung in bestimmten Fällen auch um ein Jahr zurückstellen kann. Es gibt eine „Vollzeitschulpflicht", die neun bis zehn Jahre an einer allgemeinbildenden Schule (je nach Bundesland) umfasst. Zum anderen gibt es für diejenigen, die keine allgemeinbildende oder berufliche Schule in Vollzeit besuchen, die „Teilzeitschulpflicht" oder auch „Berufsschulpflicht" genannt. Diese endet folglich mit einem Berufsausbildungsabschluss (vgl. Edelstein 2013, o. S.).

Das deutsche Bildungssystem ist föderal geordnet: der größte Teil befindet sich in staatlicher Trägerschaft, was bedeutet, dass die „Hoheit" und somit die Organisation und Finanzierung der Bildungsstruktur in der Hand der Bundesländer selbst liegt. Die übergreifenden Aspekte obliegen dem Bundesbildungsministerium, wie z. B. der Ausbau der Ganztagsschulen oder die internationalen Vergleichsstudien (vgl. Dreyer, D (o. J.), o. S.).

Im Grundgesetz ist festgelegt, dass die Bildung über die Bereiche der Primarstufe, Sekundarstufe I und Sekundarstufe II kostenlos sein müssen. Im Bereich der frühkindlichen und tertiären Bildung jedoch können die Kommunen und Städte Gebühren verlangen. Parallel dazu wurden verschiedene Finanzierungsoptionen entwickelt, um u. a. Abiturienten nicht durch anfallende Studiengebühren von einem Studium abzuhalten. Die quartäre Bildung wird ebenso privat organisiert und finanziert, wobei oftmals die Arbeitgeber die anfallenden Kosten für eine Weiterbildung tragen. Private Weiterbildung muss jeder Einzelne selbst bezahlen (vgl. Dreyer, D (o. J.), o. S.).

4.1.2 Aufbau und Struktur

Wie bereits erwähnt sind für die Bildungspolitik in erster Linie die jeweiligen Bundesländer zuständig. Aus diesem Grund gibt es genauer gesagt gar kein „deutsches Bildungssystem" an sich. Die Landesregierungen entscheiden aufgrund ihrer „Kulturhoheit" über die Ausgestaltung ihrer Bildungssysteme weitestgehend selbst. Jedoch weisen alle eine gemeinsame Grundstruktur auf. Im Folgenden wird ein kurzer Überblick über die sechs großen Bildungsbereiche und deren Bildungseinrichtungen bzw. Bildungsgänge gegeben. Neben den üblichen Schulformen werden in Deutschland viele Schülerinnen und Schüler mit sonderpädagogischem Förderbedarf in spezifischen Förderschulen unterrichtet (z. B. für Blinde, Sprachbehinderte, Gehörlose oder Lernbehinderte) (vgl. Edelstein 2013, o. S.).

Der **Elementarbereich** bildet die Basis des Bildungssystems und steht für die Bildungs- und Betreuungsangebote für Kinder im Alter von wenigen Monaten bis hin zum Schuleintrittsalter. Somit umfasst er Einrichtungen wie Kinderkrippen, Kindergärten, die Kindertagespflege oder auch Vorschulangebote an Grundschulen. Kinder sind nicht dazu verpflichtet, an Angeboten des Elementarbereichs teilzunehmen. Die ersten Lebensjahre bilden eine bedeutende Grundlage für das spätere Lernen und die persönliche Entwicklung. Es werden früh Wissengrundlagen durch Sprache, Kunst, Musik oder Bewegung vermittelt, um individuellen Förderbedarf früh zu erkennen und Fähigkeiten spezifisch zu fördern. Länder, Kommunen und sonstige Träger werden hierbei vom Bundesministerium für Bildung und Forschung (BMBF) durch verschiedene Maßnahmen unterstützt, mit dem Ziel, durch frühkindliche Bildung die Chancengleichheit der Kinder in ihrem zukünftigen Leben zu verbessern (vgl. Bundesministerium für Bildung und Forschung (Hrsg.), B (o. J.), o. S. / vgl. Edelstein 2013, o. S.).

Mit dem sechsten Lebensjahr und somit der Schulpflicht beginnt auch die Bildung in der **Primarstufe**. Diese wird in der Regel innerhalb der Grundschule von der Klassenstufe eins bis vier (je nach Bundesland ggf. auch sechs) vermittelt. Durch den Umgang mit Gleichaltrigen erlernen die Kinder wichtige soziale Kompetenzen, erfahren systematisch Wissen und bekommen eine Grundbildung in den wichtigsten Fächern wie z. B. Mathematik, Deutsch, Musik oder ersten Fremdsprachen. In der Grundschule werden im Normalfall alle Kinder einer Altersklasse gemeinsam unterrichtet und noch nicht nach Leistungsniveau unterschieden. Erst nach Besuch der Grundschule werden die schulischen Leistungen sowie das Sozial- und Arbeitsverhalten der Kinder betrachtet und anhand dessen eine Empfehlung für eine weiterführende Schule im Sekundarbereich ausgesprochen. Diese ist in den meisten Bundesländern aber nicht bindend für die Eltern (vgl. Bundesministerium für Bildung und Forschung (Hrsg.), A (o. J.), o. S.; Dreyer, B (o. J.), o. S.; Edelstein 2013, o. S.).

Nach der Grundschule sollen die Kinder ihren Leistungen entsprechend auf Gymnasien, Realschulen oder Hauptschulen verteilt werden. Dort werden die erlernten Grundkenntnisse aus der Grundschule vertieft und spezifisch erweitert. Die Schulformen bzw. Bildungsgänge des Sekundarbereichs I (i.d.R. Klasse 5 bis 10) unterscheiden sich anhand der Lernmethoden und der unterschiedlichen Lehrpläne. Es gibt außerdem Gesamtschulen, die zwei oder drei verschiedene Bildungsgänge anbieten. Schülerinnen und Schüler, die eine integrierte Gesamtschule besuchen, sind auf keinen bestimmten Bildungsgang spezialisiert, sondern haben die Möglichkeit, innerhalb der einzelnen Fächer zwischen verschiedenen Leistungsniveaus (Förder-, Grund- und Erweiterungskurs) zu wählen. An allen Schulformen kann ein allgemeinbildender Abschluss erworben werden, der zum Besuch weiterführender Bildungsangebote aus dem Sekundarbereich II berechtigt (vgl. Bax, A, (o. J.), o. S; Edelstein 2013, o. S.; Schulsystem.info (Hrsg.) (o. J.), o. S.).

Zum **Sekundarbereich II** zählen allgemeinbildende und berufliche Vollzeitschulen sowie die duale Berufsausbildung mit einer jeweiligen Dauer von zwei bis drei Jahren. Die Schularten, Dauer und Abschlüsse unterscheiden sich je nach Bundesland teilweise sehr deutlich. Es hängt vom erlangten Schulabschluss ab, für welchen weiteren Bildungsweg die Jugendlichen qualifiziert sind. Falls nach einem Hauptschulabschluss keine Lehrstelle in einer Firma gefunden wurde und die Jugendlichen meist noch im schulpflichtigen Alter sind, müssen diese übergangsweise eine berufsvorbereitende Maßnahme absolvieren. Der Mittlere Schulabschluss ermöglicht bereits ein viel größeres Spektrum. Neben der Berufsausbildung (dual oder Vollzeit) sind je nach Notendurchschnitt auch verschiedene Oberschultypen eine Option. Ebenso zählt die gymnasiale Oberstufe zum Sekundarbereich II. Die Berufsausbildung qualifiziert zur Aufnahme einer Erwerbstätigkeit, abhängig vom erlernten Berufsbild. Die Abschlüsse, zu denen die weiteren Bildungsgänge führen, sind die allgemeine oder fachgebundene Hochschulreife und die Fachhochschulreife. Diese berechtigen zur Aufnahme eines Studiums. Viele Inhaber dieser Abschlüsse nehmen jedoch trotzdem eine Berufsausbildung auf (vgl. Bax, B, (o. J.), o. S.; Edelstein 2013, o. S.; Schulsystem.info (Hrsg.) (o. J.), o. S.).

Universitäten, Fachhochschulen und andere Hochschularten, die zu einem akademischen Abschluss führen, gehören zum **Tertiärbereich**, qualifizieren zur Aufnahme einer Erwerbstätigkeit und berechtigen je nach Notenschnitt zur Promotion. Durch den Bologna-Prozess wurden die Abschlüsse auf die international vergleichbaren und anerkannten Bachelor- und Master-Abschlüsse umgestellt, die in der Regel sechs bzw. vier Semester dauern. Für die Chancengleichheit beim Studieren sollen die finanziellen Unterstützungsmöglichkeiten wie „BAföG“, „Bildungsdarlehen“ und Stipendien sorgen. Ebenso zählen berufsqualifizierende Studiengänge sowie Einrichtungen der beruflichen Bildung und Weiterbildung zum tertiären Bildungsbereich. Berufsakademien vermitteln in Form dualer Studiengänge in Kooperation mit einer Anstellung in einem Unternehmen eine theoretische sowie praktische berufliche Bildung. Des Weiteren gibt es Schulen des Gesundheitswesens oder Fachschulen für die berufliche Weiterbildung. Voraussetzung hierfür ist eine abgeschlossene Berufsausbildung sowie Berufserfahrung. Mit den beruflichen Weiterbildungsabschlüssen „Meister“ und „Industriemeister“ wird zudem die Hochschulzugangsberechtigung erlangt (vgl. Bundesministerium für Bildung und Forschung (Hrsg.), C (o. J.), o. S.; Dreyer, A (o. J.), o. S.; Edelstein 2013, o. S.).

Der **Quartärbereich** umfasst allgemeine, politische oder berufliche Weiterbildung sowie Weiterbildung an Hochschulen. Darunter fallen z. B. Umschulungen, Sprachkurse oder das Nachholen von Abschlüssen. Die Konzepte der Weiterbildung dienen der Persönlichkeitsentwicklung und dem Erlernen von Wissen und Kompetenzen, um neue berufliche Chancen zu eröffnen. Außerdem sichern sie die Leistungsfähigkeit der Gesellschaft. Im Regelfall tragen Unternehmen die Kosten der Weiterbildungsmaßnahmen ihrer Mitarbeiter (vgl. Bundesministerium für Bildung und Forschung (Hrsg.), D (o. J.), o. S.; Dreyer, C (o. J.), o. S.).

4.2 Bildungssystem in Polen

4.2.1 Hintergrundinformationen

Nach der im Jahr 1999 begonnenen Reform wurden einige Aspekte des Bildungssystems modifiziert. Zum einen wurde die Schulpflicht bis zum 18. Lebensjahr verlängert. Außerdem wurde ab dem Schuljahr 2012 das Einschulungsalter auf sechs Jahre nach vorne verlegt. Zusätzlich wurde ein obligatorisches Vorschuljahr eingerichtet (vgl. Steier 2010, S. 3).

Im Unterschied zu Deutschland werden die Wojewodschaften lediglich als Verwaltungsbezirke angesehen und verfügen hinsichtlich der Hochschulpolitik, die aus zentraler Ebene gesteuert wird, über keine organisatorischen Kompetenzen. Durch den Erlass der Hochschulreform im Jahr 2011 wurde den Hochschulen selbst mehr Autonomie in der Gestaltung der Lehre zuerkannt, wobei immer der allgemeine nationale Qualifikationsrahmen berücksichtigt werden muss. Seit 2006 ist das Ministerstwo Nauki i Szolnictwa Wyższego – MniSW (Ministerium für Wissenschaft und Hochschulwesen) für die Hochschulpolitik verantwortlich (vgl. Deutscher Akademischer Austauschdienst 2017, S. 11).

Die Finanzierung der Bildungseinrichtungen erfolgt überwiegend aus öffentlichen Mitteln. Im Tertiärbereich ist der Anteil der privaten Finanzierung wesentlich höher als im Primär- und Sekundärbereich. Generell existiert in der polnischen Bevölkerung eine relativ hohe Bereitschaft, in Bildung zu investieren. Das Ministerium für Wissenschaft und Hochschulen sorgt, neben der Erhebung von Studiengebühren und Forschungsaufträgen oder Dienstleistungen, für die zentrale Finanzierung der staatlichen Hochschulen. Nichtstaatliche Hochschulen werden fast ausschließlich über Studiengebühren finanziert. Fachgebundene Hochschulen erhalten die Finanzierungsmittel aus den jeweiligen fachlich zuständigen Ministerien. Für polnische Studierende sowie Studierende aus dem Ausland, die unter den gleichen Bedingungen ein Studium in polnischer Sprache beginnen, ist ein Vollzeitstudium an öffentlichen Einrichtungen kostenfrei. Für Studierende aus Nicht-EU-

Ländern ist auch das Studium an staatlichen Hochschulen gebührenpflichtig (vgl. Deutscher Akademischer Austauschdienst 2017, S. 13; Knabel 2018, o. S.).

Durch den Systemwechsel in Polen im Jahr 1990 von der sozialistischen Volksrepublik Polen zur demokratischen Republik Polen wurde auch ein Wandel in den Werten im Hochschulwesen deutlich. Die dritte Republik verfolgte das Ziel einer Steigerung des allgemeinen Bildungsniveaus und einer Erweiterung des Bildungsangebots. Die neuen demokratischen Strukturen erforderten rechtliche Rahmenbedingungen, die 1990 im Hochschulgesetz verankert wurden. Dadurch wurde u. a. das Prinzip der Freiheit von Forschung und Lehre eingeführt, das den Hochschulen ihre Autonomie als eigenständige Institution zurückgab. Außerdem durften im Zuge dessen private Hochschulen eröffnet werden. Die Zahl der Studierenden konnte rasant in die Höhe getrieben werden. Aus diesem Grund stieg auch die Anzahl an tertiären Einrichtungen. Im akademischen Jahr 1990/1991 gab es noch 112, 20 Jahre später dann um die 470 Hochschulen in Polen. Die meisten davon waren neu gegründete private Einrichtungen. 2015/2016 existierten insgesamt 415 Hochschulen, davon 132 staatliche und 283 private. Einen ähnlich rasanten Anstieg erfuhren die Studierendenzahlen. Im Jahr 2013 wurde eine Anzahl von 1.902.718 Studierenden verzeichnet, während es knapp 20 Jahre zuvor gerade einmal knapp über 400.000 Studierende gab. Im Vergleich dazu zählte man 2013 in Deutschland 2.616.881 Studierende (vgl. Deutscher Akademischer Austauschdienst 2017, S. 10 f.).

4.2.2 Aufbau und Struktur

Die **Vorschulerziehung** im Rahmen von Kindergärten oder vorschulischen Angeboten an Schulen sind fester Bestandteil des polnischen Bildungswesens. Diese sollen auf das schulische Lernen vorbereiten, Bildungsbenachteiligungen durch soziale Defizite kompensieren und auch dem frühzeitigen Erkennen von spezifischen Begabungen dienen. Es handelt sich um ein Betreuungsangebot für Kinder im Alter von 3 bis 6 Jahren. Das letzte Kindergartenjahr wurde als verpflichtend festgelegt. Somit hat jedes Kind mit 5 Jahren das Recht auf einen Kindergartenplatz (vgl. Steier 2010, S. 4; Institut für ökonomische Bildung (Hrsg.) 2018, o. S.).

Darauf baut die Pflichtschulbildung auf. Die sechsjährige **Grundschule** (poln. szkoła podstawowa) gliedert sich in die Klassen 1 bis 3, die nach dem Klassenlehrerprinzip mit integriertem Fachunterricht erfolgen, und in die Klassen 4 bis 6, in denen Blockunterricht in den einzelnen Fächern wie Naturwissenschaft oder Sprache stattfindet. Abschließend absolvieren die Kinder einen verpflichtenden Grundschultest, der keine Selektionsfunktion besitzt, jedoch Auskunft über die individuelle Entwicklung und den Wissenstand geben soll (vgl. Steier 2010, S. 4; Institut für ökonomische Bildung (Hrsg.) 2018, o. S.).

Anschließend besuchen die Schülerinnen und Schüler ein dreijähriges allgemeinbildendes **Gymnasium** (poln. gimnazjum) **im Sekundarbereich I**. Es besteht ein relativ dichtes Netz an Gymnasien, das für eine hochwertige Grundbildung sorgen soll. Diese Schulform führt jedoch nicht zum Abitur, sondern deckt nur einen Teil der Schulpflicht und schließt nach der 9. Klasse ab. Die weiterführenden Sekundarschulen selektieren dann anhand der Ergebnisse der externen Gymnasialprüfung und entscheiden über eine Aufnahme oder Ablehnung. Eine gesonderte Eingangsprüfung gibt es nicht (vgl. Steier 2010, S. 4 f.; Institut für ökonomische Bildung (Hrsg.) 2018, o. S.).

Wenn die Jugendlichen die **zweite Sekundarstufe** besuchen, befinden sie sich in einem Altersrahmen von 16 bis ca. 20 Jahren. Dieser Sektor des Bildungssystems umfasst allgemeinbildende, berufliche und doppelt qualifizierende Schulen. In der Regel wird nach 12 Jahren das Abitur abgelegt. Die obere Sekundarstufe lässt sich in vier Schulformen unterscheiden: es gibt zum einen das dreijährige allgemeinbildende Lyceum (poln. liceum ogólnokształcące), das für eine klassische und breit gefächerte Allgemeinbildung steht sowie durch das Abiturexamen für den Hochschulzugang berechtigt und vergleichbar mit den deutschen Gymnasien ist. Zudem gibt es das profilierte Lyceum (poln. liceum profilowanie). Dabei handelt es sich um einen eher neuen und wenig nachgefragten Schultyp, der nach drei Jahren ebenfalls mit dem Abitur abschließt und fünfzehn Profile (z. B. Umwelttechnik, Verwaltung, Informatik und Ökonomie) inkludiert. Das Technikum (poln. technikum) ist eine vierjährige berufsbildende und doppelt qualifizierende Schule und ist in Polen sehr anerkannt. Es verleiht seinen Absolventen eine Technikerqualifikation und parallel dazu auch das Abitur. Durch den Besuch einer drei- bzw. vierjährigen Berufsgrundschule (poln. zasadnicza szkoła zawodowa) absolvieren die Jugendlichen in zwei bis drei Jahren eine Facharbeiterausbildung. Die abschließende Berufsprüfung ermöglicht den Einstieg in das Berufsleben. Jedoch berechtigt sie auch dazu, die Ausbildung an ergänzenden allgemeinbildenden oder profilierten Lyzeen sowie an einem Technikum fortzusetzen. Im Unterschied zur deutschen dualen Berufsausbildung ist diese Ausbildungsform nicht betriebsgestützt und mit berufspraktischen Elementen ausgestattet, sondern vollzeitschulisch organisiert. Die Abschlüsse der Sekundarstufe II sind somit das Zentralabitur (poln. egzamin maturalny) und die externe Berufsprüfung (poln. egzamin zawodowy) (vgl. Steier 2010, S. 4 f.; Institut für ökonomische Bildung (Hrsg.) 2018, o. S.).

Der Bildungsweg kann im **Tertiärbereich** auf klassischen Universitäten, Technischen und Pädagogischen Hochschulen aber auch Akademien fortgesetzt werden. Für die Aufnahme eines Studiums an allen Hochschultypen wird in Polen die allgemeine Hochschulreife vorausgesetzt, die durch das Bestehen der Abiturprüfung erlangt wird (polnisch „matura"). Zugelassen wird je nach Abiturnote sowie teilweise durch spezielle Aufnahmeprüfungen. Das Studium ist in drei Zyklen gegliedert. Der erste Abschluss ist der „Bachelor" und wird nach 3 bis 3,5 Jahren erreicht (polnisch „licencjat"/an Technischen Hochschulen „inżynier"). Daran knüpft der „Master"-Abschluss an, der ca. 1,5 bis 2,5 Jahre dauert (polnisch „magister"). Dieser Magistertitel berechtigt zu einem Doktorandenstudium. Zusätzlich gibt es noch die Möglichkeit eines Studiums in Rechtwissenschaften und in Medizin, die gesondert behandelt werden. Außerdem ist die Möglichkeit eines Abend- und Fernstudiums eine sehr beliebte tertiäre Bildungsform, wofür private als auch öffentliche Einrichtungen Studiengebühren erheben (vgl. Institut für ökonomische Bildung (Hrsg.) 2018, o. S.; Knabel 2018, o. S.).

4.2.3 Weitere Informationen

Durch den politischen Umbruch konnte sich das polnische Bildungssystem erweitern und differenzieren. Dies verdeutlicht sich an den unterschiedlichen Schulangeboten und der Pluralität an Trägerschaften, wodurch sich das System auch an die Heterogenität gesellschaftlicher Gruppen anpasst. Die Anzahl nichtstaatlicher Schulen, aber auch die Zahl der Schulen mit einem reformpädagogischen Profil ist gewachsen. Letztere Schulformen zeichnen sich oftmals durch besser ausgebildetes und junges Personal, kleinere Lerngruppen und eine bessere Gesamtausstattung aus. Auf Zahlen aus dem akademischen Jahr 2015/2016 basierend studierten ca. 30 % aller Studierenden an 19 Volluniversitäten, ca. 21 % an 23 Technischen Hochschulen und ca. 13 % an 67 wirtschaftlichen Hochschulen. Darüber hinaus gibt es noch agrarwirtschaftliche, medizinische und pädagogische Hochschulen sowie z. B. Sport-

oder Kunsthochschulen (vgl. Steier 2010, S. 5; Deutscher Akademischer Austauschdienst 2017, S. 12).

Für die polnischen Hochschulen stellt der demografisch bedingte Rückgang der Studierendenzahlen innerhalb der letzten zehn Jahre ein großes Problem dar. Laut einer Erhebung gab es im Jahr 2016/2017 1.348.822 eingeschriebene Studierende und somit 4 % weniger als im Jahr zuvor. Im Hochschulsystem werden einige Auswirkungen der fallenden Zahl an Studienanfängern sichtbar: staatliche Hochschulen müssen Studiengänge streichen, Personal einsparen oder die Fristen zur Immatrikulation flexibilisieren. Oftmals werden alle Studienbewerber angenommen, da es mehr Plätze als Kandidaten gibt. Zudem müssen viele private Hochschulen komplett schließen. Aus diesem Grund wurde durch gezieltes Marketing versucht, mehr Studierende aus dem Ausland, v. a. aus nichteuropäischen Ländern, zu akquirieren, um somit die durch die demografische Entwicklung entstandene Lücke zu schließen und gleichzeitig die Qualität des Studiums zu verbessern. Des Weiteren haben die sinkenden Studierendenzahlen auch finanzielle Auswirkungen, was z. B. bedeutet, dass die Zahl gebührenpflichtiger Studienplätze zurückgeht, um mehr Interessenten zu generieren. Dasselbe gilt für gebührenpflichtige Abend- oder Fernstudiengänge, die aus dem Bewerbungsverfahren ausgeschiedenen Studienbewerbern angeboten wurden. Lediglich die Anzahl an Studierenden in einem Doktorandenstudium steigt stetig. Aufgrund der hohen Arbeitslosenquote nach einem Hochschulstudium ist daher ein starker Trend zu einem Promotionsstudium sichtbar (vgl. Deutscher Akademischer Austauschdienst 2017, S. 5 ff.; Knabel 2018, o. S.).

Eine weitere Auffälligkeit ist auch der hohe Frauenanteil in allen Studienstufen und -bereichen. Im Jahr 2007 lag dieser bei ca. 57,5 %, sechs Jahre später bereits bei ca. 59,7 %. Dieser Trend wird als überraschend hinsichtlich der traditionellen Ansichten der polnischen Kultur bewertet. Um die 90 Prozent der polnischen Bevölkerung gehört der katholischen Kirche an. Dies bedeutet, dass die Ansichten in der Regel sehr konservativ geprägt sind. Darunter fällt auch die bedeutende Rolle von Kirche und Familie im Leben der Polen, was auch auf ein eher traditionelles Frauenbild schließen lässt (vgl. Deutscher Akademischer Austauschdienst 2017, S. 16 ff.).

Viele Polen studieren im Ausland. Im Jahr 2013 wurden ca. 23.000 Personen erfasst. Das Absolvieren eines Studiums in Deutschland sowie ein deutscher Studienabschluss sind in Polen sehr begehrt. Ebenso werden „Erasmus+"-Programme im Rahmen der EU stark genutzt. 2014/2015 gingen um die 2.600 polnische Stipendiaten für ein Studium nach Deutschland (vgl. Deutscher Akademischer Austauschdienst 2017, S. 24 ff.).

Generell werden in Polen höhere Bildungsabschlüsse gesellschaftlich stark geschätzt. Dies ist in der Bildungsexpansion in den 90er Jahren durch die unspezifischen Erfordernisse des Arbeitsmarktes begründet. Es lässt sich feststellen, dass das Interesse an beruflichen Ausbildungsgängen seit einigen Jahren immer mehr zunimmt. Somit generierten v. a. Berufsgrundschulen mit konkreter beruflicher Ausbildungsmöglichkeit immer mehr Zuwachs. Die Zusammenarbeit zwischen der Wirtschaft und den Hochschulen ist jedoch ausbaufähig. Daher wurde 2014 im neuen Hochschulgesetz für praxisrelevante Studiengänge ein jeweiliges Pflichtpraktikum vorgeschrieben. Es gibt zudem Ansätze, das Bildungswesen enger mit der Wirtschaft zu verknüpfen. Das Ziel besteht darin, eine Art duales Bildungssystem auf akademischer und nichtakademischer Ebene zu etablieren und die wenigen bereits existierenden universitären dualen Programme auszubauen (vergleichbar mit den deutschen Strukturen) (vgl. Steier 2010, S. 4; Deutscher Akademischer Austauschdienst 2017, S. 11).

4.3 Literatur

BAX, M., A (o. J.). Was ist die Sekundarstufe I? Von der Hauptschule bis zum Gymnasium. Online abrufbar unter: https://www.bildungsxperten.net/wissen/was-ist-die-sekundarstufe-i/ (o. D.) (zuletzt abgerufen am 07.02.2019).

BAX, M., B (o. J.). Was ist die Sekundarstufe II? Online abrufbar unter: https://www.bildungsxperten.net/wissen/was-ist-die-sekundarstufe-ii/ (o. D.) (zuletzt abgerufen am 07.02.2019).

BUNDESMINISTERIUM FÜR BILDUNG UND FORSCHUNG (Hrsg.), A (o. J.). Bildung im Schulalter. Online abrufbar unter: https://www.bmbf.de/de/bildung-im-schulalter-68.html (o. D.) (zuletzt abgerufen am 05.02.2019).

BUNDESMINISTERIUM FÜR BILDUNG UND FORSCHUNG (Hrsg.), B (o. J.). Frühe Förderung. Online abrufbar unter: https://www.bmbf.de/de/fruehe-foerderung-67.html (o. D.) (zuletzt abgerufen am 05.02.2019).

BUNDESMINISTERIUM FÜR BILDUNG UND FORSCHUNG (Hrsg.), C (o. J.). Studium. Online abrufbar unter: https://www.bmbf.de/de/studium-70.html (o. D.) (zuletzt abgerufen am 05.02.2019).

BUNDESMINISTERIUM FÜR BILDUNG UND FORSCHUNG (Hrsg.), D (o. J.). Weiterbildung. Online abrufbar unter: https://www.bmbf.de/de/weiterbildung-71.html (o. D.) (zuletzt abgerufen am 05.02.2019).

DEUTSCHER AKADEMISCHER AUSTAUSCHDIENST (DAAD) (Hrsg.) (2017). Polen: Daten & Analysen zum Hochschul- und Wissenschaftsstandort | 2017. Online abrufbar unter: https://www.daad.de/medien/der-daad/analysen-studien/bildungssystemanalyse/polen_daad_bsa.pdf, veröffentlicht vom Deutschen Akademischen Austauschdienst (DAAD); Änderungen vorgenommen; ist lizenziert unter einer Creative Commons-Lizenz: https://creativecommons.org/licenses/by/4.0/deed.de (o. D.) (zuletzt abgerufen am 12.01.2019).

DREYER, S., A (o. J.). Was ist der Tertiärbereich? Uni, FH & Co. Online abrufbar unter: https://www.bildungsxperten.net/wissen/was-ist-der-tertiaerbereich/ (o. D.) (zuletzt abgerufen am 07.02.2019).

DREYER, S., B (o. J.). Was ist die Primarstufe? Online abrufbar unter: https://www.bildungsxperten.net/wissen/was-ist-die-primarstufe/ (o. D.) (zuletzt abgerufen am 07.02.2019).

DREYER, S., C (o. J.). Weiterbildung und Lebenslanges Lernen – Was ist der Quartärbereich? Online abrufbar unter: https://www.bildungsxperten.net/wissen/was-ist-der-quartaerbereich/ (o. D.) (zuletzt abgerufen am 07.02.2019).

DREYER, S., D (o. J.). Wie funktioniert das deutsche Bildungssystem? Online abrufbar unter: https://www.bildungsxperten.net/wissen/wie-funktioniert-das-deutsche-bildungssystem/ (o. D.) (zuletzt abgerufen am 07.02.2019).

EDELSTEIN, B. (2013). Das Bildungssystem in Deutschland: Bildungseinrichtungen, Übergänge und Abschlüsse. Online abrufbar unter: http://www.bpb.de/gesellschaft/bildung/zukunft-bildung/163283/das-bildungssystem-in-deutschland, vom 23.7.2013 (zuletzt abgerufen am 10.01.2019).

KNABEL, K. (2018). Überblick: Bildung und Wissenschaft. Online abrufbar unter: https://www.daad.de/laenderinformationen/polen/land/de/5489-berblick-bildung-und-wissenschaft, vom 19.11.2018 (zuletzt abgerufen am 12.01.2019).

SCHULSYSTEM.INFO (Hrsg.) (o. J.). Bildungssystem. Online abrufbar unter: https://www.schulsystem.info/bildungssystem.html (o. D.) (zuletzt abgerufen am 12.01.2019).

STEIER, S. (2010). Eine Bilanz der polnischen Schulpolitik seit 1989. Online abrufbar unter: http://www.laender-analysen.de/polen/pdf/PolenAnalysen76.pdf, vom 05.10.2010 (zuletzt abgerufen am 10.01.2019).

INSTITUT FÜR ÖKONOMISCHE BILDUNG (Hrsg.) (2018). Das polnische Bildungssystem. Online abrufbar unter: http://www.ioeb.de/bildungssystem (o. D.) (zuletzt abgerufen am 12.01.2019).

5 Analyse der externen Faktoren

Tamara Stutz

Wie die vorangegangenen Kapitel aufgezeigt haben, gibt es eine Vielzahl von Einflussfaktoren, die auf die Situation der Universität Stettin einwirken. Das Ziel dieser Analyse ist es, diese Einflussfaktoren systematisch zu ordnen, um im Sinne der externen Analyse die Chancen und Risiken des Umfeldes der Universität aufzuzeigen.

Die vorliegende finale Analyse wird dementsprechend die herausgearbeiteten Informationen zu den Themengebieten Arbeitsmarkt, Bildungsmarketing sowie Bildungssystem aufbereiten und bewertend gegenüberstellen. Durch die Bewertung der einzelnen Informationen können so im letzten Schritt der Analyse Empfehlungen für die Universität Stettin ausgesprochen werden.

5.1 Definition

Bezüglich ihrer Marketingsituation befindet sich die Universität inmitten vieler Einflussvariablen. Ein Teil dieser Einflussvariablen kann durch die Universität beeinflusst werden, während ein großer Teil der Variablen nicht direkt oder nur in einem geringen Maße durch die Universität beeinflussbar ist. Die externe Analyse berücksichtigt die weniger beeinflussbaren Einflussvariablen im Umfeld der Universität. Dementsprechend werden im Rahmen der externen Analyse die Chancen und Risiken, die den Markt und das Umfeld kennzeichnen, systematisch aufgezeigt.

In der Theorie existieren zu Bestimmung und Analyse der Marketingsituation sechs Analysefelder, zu denen jeweils verschiedene Einflussgrößen zählen. Die sechs Felder lauten: Marktsituation, Konkurrenzsituation, Lieferantensituation, Handelssituation, Kundensituation und Umfeldsituation.

Zur Marktsituation zählen Einflussgrößen wie Marktaufteilung, Markttrends und Marktentwicklung. Die Konkurrenzsituation wird von bspw. der Anzahl und Größe der Konkurrenten, Kooperationsmöglichkeiten und der „Produktqualität" der Konkurrenz beeinflusst. Die Handelssituation ist durch Einflussfaktoren wie Informationslage und Marketingaktivitäten gekennzeichnet. Zuletzt wird die Umfeldsituation durch Einflussgrößen wie politische Rahmenbedingungen, Wettbewerbsrecht, Umweltschutzgesetzgebung, gesellschaftliche Normen, kulturelle Entwicklungen, gesamtwirtschaftliches Wachstum sowie technologische Dynamik charakterisiert (vgl. Bruhn 2016, S. 25).

Die Lieferantensituation kann im Kontext dieser Analyse vernachlässigt werden, da die Universität nicht beliefert wird. Selbstverständlich können die Professoren und Dozenten der Universität als eine Art Lieferanten angesehen werden. Diese Sicht wird für die Arbeit allerdings nicht angewendet. Die Kundensituation wird im Rahmen einer Zielgruppenanalyse durch die interne Analyse abgedeckt (vgl. Kapitel 6).

5.2 Analyse

Das Studium an der Universität Stettin ist eine von vielen Möglichkeiten für junge Polen, ihre Laufbahn nach dem Erhalten des Schulabschlusses fortzusetzen. Der Markt ist durch viele verschiedene Anbieter von Bildungsmöglichkeiten gekennzeichnet. An dieser Stelle der Analyse soll für die Betrachtung der Markt- und Konkurrenzsituation der Arbeitsmarkt ausgeklammert werden und das Augenmerk lediglich auf dem Bildungsmarkt liegen.

Abgesehen von der Universität Stettin gibt es eine Vielzahl von Möglichkeiten, in Polen sowie im näheren Umfeld von Stettin zu studieren. In Polen gibt es 390 Hochschulen, die sich mehrheitlich in privater Hand befinden. Dieser Überhang kann als Risiko gedeutet werden, da alle Hochschulen zunächst eine Konkurrenz für die Universität Stettin darstellen. Weiterhin gibt es ein breit gefächertes Angebot an Fernstudiengängen, die vorrangig zur Qualifizierung neben der Berufstätigkeit genutzt werden. Wie jeder Konkurrent können auch Fernstudiengänge ein Risiko darstellen, da sie potenzielle Studierende abwerben können.

Die Entwicklung der Studierenden ist ebenfalls als risikoreich zu bewerten: Die Zahl der Studienanfänger ist seit dem Jahr 2005 stark rückläufig (vgl. Kapitel 4).

Die Existenz vieler privater Hochschulen ist nicht ausschließlich als Risiko zu sehen, da diese lediglich ein Viertel der Studierenden in Polen ausbilden. Als große Chance für die Universität Stettin ist an dieser Stelle die Kostenfreiheit für EU-Bürger an öffentlichen Hochschulen zu nennen. Eine weitere Chance sind die Investitionen des Staates in die Wissenschaft, da diese seit 2017 um mehrere Prozentpunkte angestiegen sind. Zudem ist die Entwicklung der Anzahl von Doktoranden relativ stabil und nicht mit der rückläufigen Entwicklung der Studierenden in Bachelor- und Masterstudiengängen zu vergleichen. Zu diesen Chancen hinzu kommt außerdem die Kooperationsmöglichkeit zwischen Bildungssystem und Wirtschaft: Aktuell befindet sich dieser Bereich noch im Aufbau, jedoch existieren bereits erste Grundzüge, um eine Art duales System aufzubauen. Ziel könnte, wie z. B. in Deutschland, eine Art duales Studium sein. In der jungen polnischen Bevölkerung ist eine Tendenz zu beruflichen Ausbildungsgängen deutlich zu erkennen. Dies könnte man mit einem universitären Bildungsteil kombinieren. Hierzu müssten die tertiären Einrichtungen in Kontakt mit Unternehmen treten, ein Konzept entwickeln und ihre Studienangebote dementsprechend erweitern oder neu ausrichten (vgl. Kapitel 4).

Die alternativen Möglichkeiten auf dem Bildungsmarkt stellen natürlich eine Art Konkurrenzsituation für die Universität Stettin dar. Wie bereits in der Analyse der Marktsituation dargelegt, gibt es dementsprechend ca. 400 Konkurrenten. Da die Polen eher zu einem Studium an staatlichen Hochschulen neigen, kann man diese wohl als größte Konkurrenten sehen. Das Fernstudium kann aufgrund der hauptsächlichen Nachfrage eines Studiums für neben dem Beruf als Konkurrenz eher vernachlässigt werden (vgl. Kapitel 4).

Um die Handelssituation zu beschreiben, ist die Informationslage zu analysieren. Da die Fragen, wie die Studierenden auf die Universität Stettin aufmerksam geworden sind und weswegen sie sich für die Hochschule entschieden haben, Teil der internen Analyse sind, kann die Informationslage in der externen Analyse eher vernachlässigt werden. Es lässt sich allerdings festhalten, dass die Schüler des polnischen Bildungssystems nach Bestehen der Maturaprüfung zwischen einer Vielzahl von

Hochschulen entscheiden können. Demensprechend sollten jene Marketingmaßnahmen analysiert werden, mithilfe derer die Universität Stettin potenzielle Studierende auf sich aufmerksam machen will. An dieser Stelle sei nochmals darauf hingewiesen, dass das Hochschulmarketing einige Grenzen der Umsetzbarkeit hat. Diese Grenzen sind vor allem in einer fehlenden bzw. geringen Kundenorientierung begründet. Da Hochschulen einen festgeschriebenen Bildungsauftrag haben, müssen sie sich bei ihrem Leistungsangebot auch an diesem Auftrag orientieren und können nicht vollständig nachfrageorientiert und demensprechend kundengerecht agieren (vgl. Kapitel 2).

Generell hat die Universität Stettin bereits einige Hochschulmarketingaktivitäten ergriffen. Dazu zählen beispielsweise die Website der Universität, Platzierungsmaßnahmen, Veranstaltungen an der Hochschule sowie die Aktivität in sozialen Netzwerken. Es lassen sich verschiedene Risiken in der Aktivität der Universität festhalten. Zunächst ist fraglich, weswegen die hohe Aktivität im Marketing nicht zu einem Erfolg beim Rekrutieren neuer Studierender geführt hat. Weiterhin ist die Durchführung der einzelnen Maßnahmen teilweise als problematisch anzusehen. Die hiermit gemeinten Maßnahmen sind vor allem die Aktivität auf der Universitätswebsite, auf Facebook und auf Instagram. Beginnend mit den Marketingaktivitäten im sozialen Netzwerk Instagram ist vor allem der fehlende Content zu erwähnen. Die Bedeutung von Instagram als Kommunikationsplattform ist weltweit mit rund einer Milliarde aktiver Nutzer im Monat nicht von der Hand zu weisen (vgl. Statista 2019, o. S.). Fehlende Aktivität auf dieser Plattform birgt dementsprechend das Risiko, die Zielgruppe nicht zu erreichen. Auf Facebook ist die Universität Stettin wie in Kapitel 2 erwähnt aktiver. Hier besitzt die Universität zwei verschiedene Profile, eines für ausländische Studierende (bspw. Erasmus) und eines für polnische Studierende. Das Vorhandensein zweier Profile an sich kann bereits ein Risiko darstellen, da potenzielle Studierende verwirrt werden können. Häufig ist nicht klar, welches Profil das „echte" Profil der Hochschule ist. Der Unterschied und Nutzen beider Profile muss dementsprechend logisch aufgezeigt und erklärt werden. Des Weiteren stellen die Profile den Nutzer vor ein weiteres Rätsel: Die betreibende Fakultät ist nicht klar ersichtlich. Ein weiteres Problem der Facebook-Profile ist die sprachliche Barriere. Die Profile werden vor allem auf Polnisch gepflegt, was für ausländische Studierende, die kein Polnisch sprechen und lesen können, wenig ansprechend wirken dürfte. Grundsätzlich lässt sich die Tatsache, dass die Universität in der Internetkommunikation, insbesondere in der Online-

Werbung, wenig aktiv ist, als großen Nachteil charakterisieren. Zuletzt ist die Website der Universität in Teilen als Risiko zu nennen. Die eingeschränkte Usability sowie das nur in geringem Maße ansprechende Design der Homepage können bspw. eine hohe Absprungrate nach sich ziehen. Auch eine nicht einwandfreie Erreichbarkeit der Homepage (z. B. durch Google AdWords) führt nicht zur gewünschten Erreichung der Zielgruppe. An letzter Stelle ist noch die Art der Informationen zu nennen. Zum einen könnte man Interessenten mehr Informationen, bspw. zu den einzelnen Studiengängen, präsentieren, zum anderen könnte man diese Informationen – seither nur im Fließtext – optisch ansprechender aufbereiten (vgl. Kapitel 2).

Die seither unternommenen Marketingaktivitäten bringen allerdings auch Chancen mit sich. Vor allem die aktive Investition in Marketingaktivitäten bewirkt bereits eine Sensibilisierung der zuständigen Akteure. So gelingt der Einstieg in neue, zielgerichtete Maßnahmen einfacher. Ebenfalls haben die bisherigen Maßnahmen eventuell bereits Erfolgspotenziale bzw. Misserfolgsursachen aufgezeigt. Die Verantwortlichen haben vermutlich bereits eine Einschätzung gewonnen, welche ihrer Maßnahmen funktioniert haben und welche nicht. Die nächste Chance liegt bei der Website der Universität. Wenngleich diese als negativ hinsichtlich Design und Usability zu bewerten ist, ist teilweise bereits eine Verbindung der Website zu Facebook und Instagram vorhanden. Diese Verknüpfung birgt Chancen für einen einheitlichen und stimmigen Auftritt. Auch die zwei verschiedenen Facebook-Profile können eine Chance für die Hochschule darstellen. Die Aufteilung in ein Profil für potenzielle polnische und eines für potenzielle ausländische Studierende ist an sich schlüssig. Wird der Unterschied zwischen den Profilen klar hervorgehoben und die Sprache für das nicht polnische Profil entsprechend angepasst, kann so eine einheitliche Ansprache weltweit gewährleistet werden. Eine weitere Chance ist die Aktivität der Universität Stettin im Bereich „Public Understanding of Sciences and Humanities“ und „Schulprogramme“. Mit Projekten wie der Kinderuni kann die Universität einen Teil ihrer Zielgruppe bereits früh und teilweise spielerisch erreichen (vgl. Kapitel 2).

Im letzten Schritt wird nun die Umfeldsituation beleuchtet. Dazu wird zunächst auf den polnischen Arbeitsmarkt eingegangen. Wie bereits skizziert, ist zu großen Teilen der einfache Einstieg nach der Schule in den Arbeitsmarkt für die sinkenden Zahlen der Studierenden verantwortlich. Daher zeichnet sich als Risiko für die Universität Stettin vor allem die Entwicklung der Anzahl an Arbeitsplätzen auf dem polnischen Arbeitsmarkt ab. Es ist eine kontinuierliche Steigung der Anzahl an Arbeitsplätzen erkennbar. Diese Anzahl stieg so stark, dass es 2018 rund 165.000 unbesetzte Stellen gab. Folglich sinkt auch die Erwerbslosenanzahl in Polen. Dementsprechend gibt es auch für Schüler mit Berufsausbildung und ohne Studium genügend Arbeitsplätze (vgl. Kapitel 3).

Doch diese Entwicklung bringt gleichzeitig auch Chancen für ein Studium an einer Universität oder Hochschule mit sich. Unternehmen in Polen haben vor allem das Problem, fachlich geeignete und qualifizierte Fachkräfte zu finden. Ein Studium an einer Universität sorgt für eine höhere Qualifizierung und zahlreiche Kompetenzen, die Studierte als geeignetere Fachkräfte erscheinen lassen. Die Anzahl der hoch qualifizierten Erwerbspersonen liegt aktuell bei 34 Prozent. Als weitere Chance zeichnet sich in diesem Zusammenhang auch die Erwerbstätigkeit von Frauen ab. Auch wenn die Erwerbstätigenquote grundsätzlich steigt, liegt die Erwerbstätigkeit bei Frauen aktuell mit 63,8 Prozent noch unter dem EU-Durchschnitt (vgl. Kapitel 3).

Auch die rechtlichen und gesetzlichen Gegebenheiten werden im Rahmen einer solchen Analyse für gewöhnlich betrachtet. Für die Marketingmaßnahmen der Universität Stettin wäre grundsätzlich das Wettbewerbsrecht relevant. Jedoch zielen die Maßnahmen der Universität nicht darauf ab, Studierende von anderen Hochschulen abzuwerben, weswegen die Gesetzgebung in diesem Bereich vernachlässigt werden kann und weder als Chance noch als Risiko zu betrachten ist (vgl. Kapitel 2).

Die gesellschaftlichen Normen sowie die kulturellen Entwicklungen in Polen stellen für die Universität sowohl ein Risiko als auch eine Chance dar. Ein Risiko ist die Tradition der polnischen Kultur. Bedingt durch den hohen katholischen Anteil in der Bevölkerung besteht die Gefahr einer konservativen Lebensausrichtung, je nach Auslegung des Glaubens. Trotz des aktuell hohen Frauenanteils unter den Studierenden kann dies bedeuten, dass für den weiblichen Teil der Bevölkerung jederzeit die Familie und damit verbunden auch die traditionelle Mutterrolle von höherer Bedeutung sein können (vgl. Kapitel 4).

Als Chance in den gesellschaftlichen Normen kann allerdings die Haltung gegenüber Studienabschlüssen angeführt werden. Die hohe Wertschätzung höherer Bildungsabschlüsse sowie generell eines Studiums sind positiv für die Entwicklungsmöglichkeiten des polnischen Hochschulwesens. Somit können grundsätzlich stets Interessenten für ein Studium gefunden werden, da man dadurch gegebenenfalls ein höheres gesellschaftliches Ansehen erlangen kann (vgl. Kapitel 4).

5.3 Fazit

Tabelle 1 zeigt nochmals eine Übersicht zu Chancen und Risiken als Ergebnis der externen Analyse für die Universität Stettin. Durch die Gegenüberstellung dieser Chancen und Risiken lassen sich Handlungsempfehlungen für kommende Marketingaktivitäten der Universität Stettin ableiten.

	Chancen	Risiken
Marktsituation	Studium an öffentlichen Hochschulen ist für EU-Bürger kostenfrei Staatliche Investitionen in Forschung steigen Stabile Anzahl von Doktoranden	Viele Anbieter auf dem Bildungsmarkt Fernstudiengänge Rückläufige Entwicklung der Studierendenanzahl
Konkurrenzsituation	Private Hochschulen sind kostenpflichtig Fernstudiengänge werden eher nebenberuflich nachgefragt Kooperationsmöglichkeit von Wirtschaft und Bildungssystem	ca. 400 Konkurrenten, zu großen Teilen in privater Hand
Lieferantensituation	-	-

	Chancen	Risiken
Handels-situation	Bereits Sensibilisierung für Marketingmaßnahmen Evtl. bereits Kenntnis des Marktes und der Zielgruppe durch unternommene Aktivitäten Sinnvolle Verknüpfung von Website und sozialen Netzwerken Ansprache von polnischen und weltweiten potenziellen Studierenden durch separate Facebook-Profile Aktivität im schulischen Bereich	Grenzen der Umsetzbarkeit (geringe Kundenorientierung) Bisherige Maßnahmen wenig erfolgreich Soziale Netzwerke (Instagram, Facebook) nicht optimal genutzt Usability und Design der Homepage
Kunden-situation	vgl. Interne Analyse (Kapitel 6)	vgl. Interne Analyse (Kapitel 6)
Umfeldsituation	Unternehmen suchen vor allem Fachkräfte Erwerbstätigenquote von Frauen liegt unter EU-Durchschnitt Bildungsabschlüsse genießen ein hohes Ansehen	Steigende Anzahl an Arbeitsplätzen und damit einfacher Einstieg in den Arbeitsmarkt Konservative Lebensausrichtung

Tab. 1: Übersicht zu Chancen und Risiken als Ergebnis der externen Analyse

Die Universität hat viele Konkurrenten bei einer gleichzeitig sinkenden Anzahl von Studierenden in Polen. Gegenüber diesen Konkurrenten muss die Universität Stettin ein klares Alleinstellungsmerkmal haben. Die Kostenfreiheit des Studiums an der Universität Stettin ist hier beispielsweise ein geeignetes Argument, um einen Vorteil gegenüber privaten Hochschulen zu bieten.

Die Handelssituation, also die aktuellen Marketingmaßnahmen, bieten am meisten Raum für Handlungsempfehlungen. Vor allem ist es zu Beginn empfehlenswert, die seitherigen Maßnahmen hinreichend zu analysieren, um Erfolgspotenziale sowie Misserfolge und deren Ursachen zu identifizieren. Weiterhin ist die Optimierung der Homepage der Universität wesentlich für die nächsten Schritte. Hierbei ist auf eine verbesserte Usability, eine verbesserte Verbindung von sozialen Netzwerken und der Homepage sowie eine bessere optische Aufbereitung der Informationen und der Website allgemein zu achten. Auch die Aktivitäten auf Instagram und Facebook können zielorientierter eingesetzt werden. Bei Facebook eignet sich die Ausrichtung der jeweiligen Profile an der entsprechenden Zielgruppe. Das heißt, dass das polnische Profil ausschließlich polnische Inhalte enthalten, während das internationale Profil auf Englisch gehalten werden sollte. Eine klare Trennung der Profile ist durch diese sprachliche Abgrenzung gegeben. Hinsichtlich Instagram ist eine generelle Aktivität empfehlenswert, um Einblicke in das Studium an der Universität Stettin geben zu können. Durch kontinuierlichen Content auf Facebook und Instagram ist die Universität somit nah an der Zielgruppe.

Der Problematik des einfachen Einstiegs auf den Arbeitsmarkt entgegenzuwirken, ist für eine Hochschule allein schwierig. Generell haben andere Hochschulen bereits Maßnahmen ergriffen, wie beispielsweise das Streichen von Studiengängen, die Flexibilisierung von Immatrikulationsfristen sowie die Einsparung von Personal. Die Auswirkungen und der Erfolg dieser Maßnahmen wurden allerdings im Rahmen der Analyse nicht betrachtet, weswegen sie in dieser Arbeit nicht empfohlen werden. Dennoch bietet sich – trotz teilweiser konservativer Lebensausrichtung – eine verstärkte Konzentration auf weibliche Studierende an, da die Erwerbslosigkeit bei Frauen höher als bei Männern ist. Unternehmen suchen vor allem nach qualifizierten Fachkräften. Daher kann die Universität den dortigen Kompetenz- und Qualifikationserwerb als Argument für ein Hochschulstudium verwenden.

5.4 Literatur

BRUHN, M. (2016). Marketing: Grundlagen für Studium und Praxis. Wiesbaden: Springer Gabler.

STATISTA (Hrsg.) (2019). Anzahl der monatlich aktiven Instagram Nutzer weltweit in ausgewählten Monaten von Januar 2013 bis Juni 2018 (in Millionen). Online abrufbar unter: https://de.statista.com/statistik/daten/studie/300347/umfrage/monatlich-aktive-nutzer-mau-von-instagram-weltweit/ (zuletzt abgerufen am 04.02.2019).

6 Interne Analyse

Charleen Hohmann

6.1 Hinführung

Nachdem im vorherigen Kapitel die Allgemeinsituation des Bildungsmarktes in Polen ausführlich beschrieben wurde, wird im Folgenden die Universität Stettin als Grundlage für die interne Analyse näher beleuchtet. Dieses und die nachfolgenden Kapitel behandeln daher folgende Themen: Darlegung der Ausgangssituation und Vorstellung der Universität Stettin, Beschreibung der ausgewählten Erhebungsmethode sowie die Auswertung des Fragebogens und die Interpretation der Ergebnisse.

Die Universität Stettin

Die Stadt Stettin befindet sich im Nordosten Polens in der Nähe zur deutschen Grenze. Mit etwas mehr als 400.000 Einwohnern (vgl. STATISTA 2019, o. S.) gehört Stettin zu den größten Städten Polens. Die heutige Universität Stettin wurde bereits im Oktober 1985 für die ersten Studierenden eröffnet. Aktuell bietet sie ein breites Spektrum an wirtschaftlichen Studiengängen an, mit welchen 2017 eine Studierendenanzahl von fast 13.000 erzielt werden konnte (vgl. Anhang 1, Abschnitt 16.1). Hierzu gehören:

- Ökonomie,
- Finanzen & Buchhaltung,
- Tourismusmanagement,
- Logistik sowie
- Allgemeines Management.

Diese Fächer können nicht nur von Vollzeitstudierenden, sondern auch von berufstätigen Studenten am Wochenende oder von ausländischen Studierenden, belegt werden.

Wie in der folgenden Abbildung zu sehen ist, sinkt die Zahl der Studierenden an der Universität seit 2014 erheblich. So waren es 2014 noch mehr als 16.000 Studierende in der Zahl, welche sich jedoch bis 2017 um ca. 3.000 Studierende verringerte (vgl. Anhang 1, Abschnitt 16.1).

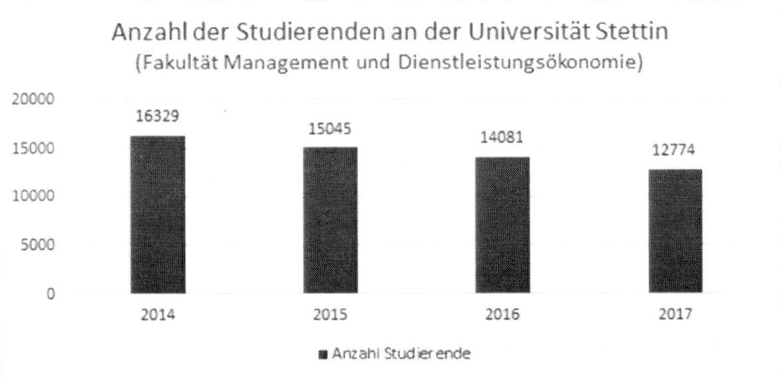

Beleuchtet man die Hintergründe des Rückgangs genauer, ist dieser unter anderem auf die sinkende Zahl der Studienanfänger zurückzuführen. Somit entscheiden sich immer weniger potenzielle Studenten für ein Studium an der Universität Stettin, sodass eine Differenz zwischen 2015 und 2017 von mehr als 1.000 Studierenden zu verzeichnen ist. Nichtsdestotrotz konnte, wie der folgenden Abbildung zu entnehmen ist, die gesunkene Studierendenzahl von 2017 auf 2018 um fast 100 Neuzugänge gesteigert werden. Dies kann unter anderem durch die im Frühjahr 2018 durchgeführte Promotionskampagne begründet werden. Im Zuge dieser Kampagne wurde unter anderem eine Facebook-Aktion ins Leben gerufen, aktiv Schulen besucht oder offene Vorlesungen für alle Schüler angeboten (vgl. Anhang 1, Abschnitt 16.1).

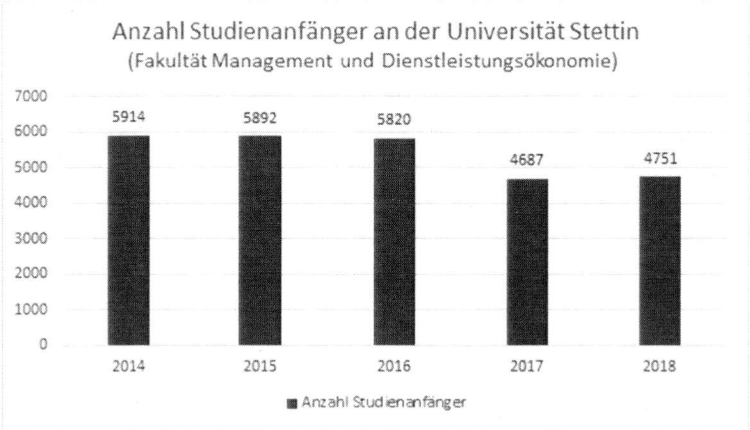

Wie bereits im vorherigen Kapitel der externen Analyse erläutert wurde, entscheiden sich immer mehr Jugendliche und somit auch potenzielle Studierende durch die günstigen Arbeitsmarktangebote anstatt eines Studiums für eine Ausbildung. Aus diesem Grund steht die Universität Stettin vor der Aufgabe, aktives Bildungsmarketing zu betreiben, um wieder mehr Jugendliche für ein Studium an ihrer Fakultät zu begeistern.

Daher wird innerhalb des folgenden Kapitels erforscht, was die aktuellen Studierenden der Universität Stettin dazu bewegte, sich für ein Studium und gegen eine berufliche Ausbildung zu entscheiden. Des Weiteren wird analysiert, wie sie auf die Universität Stettin aufmerksam geworden sind und welche weiteren Faktoren und Angebote sie angetrieben haben, an der Universität Stettin zu studieren. Um diese Erkenntnisse zu gewinnen, wurde eine Onlineumfrage mittels eines Fragebogens erstellt, welcher von den aktuellen Studierenden der Universität beantwortet wurde.

6.2 Literatur

STATISTA (Hrsg.) (2019). Polen: Die zehn größten Städte in Polen im Jahr 2018 (nach Einwohnerzahl). Online abrufbar unter: https://de.statista.com/statistik/daten/studie/943516/umfrage/groesste-staedte-in-polen/ (zuletzt abgerufen am 11.02.2019).

7 Erhebungsmethode

Jessica Wenzel & Laura Eisenhardt

Im Folgenden werden verschiedene Aspekte, welche für die Definition der Zielgruppe und die Wahl der Erhebungsmethode bestimmend sind, in Betracht gezogen und begründet.

Im Rahmen der Analyse des Studienverhaltens an der Universität Stettin ist es hilfreich, bestehende Gründe, welche für das Studium als auschlaggebend gelten, zu hinterfragen und zu analysieren. Ausgehend hiervon können Handlungsempfehlungen für das zukünftige Hochschulmarketing an der Universität Stettin ausgesprochen werden.

Begründung der Erhebungsmethode

Um eine möglichst gegenstandsnahe Einschätzung zu erhalten, wurde eine schriftliche, webbasierte Umfrage als geeignete Erhebungsmethode definiert. Die Wahl begründet sich aus verschiedenen Gesichtspunkten:

Um eine umfassende Einschätzung erhalten zu können, ist nicht nur die alleinige Meinung eines Studierenden bestimmend. Vielmehr kann durch die Ansprache einer großen Zielgruppe das Meinungsbild eines repräsentativen Kollektivs erfragt werden, was für die Ableitung der Hochschulmarketingmaßnahmen von Relevanz ist. Durch die Standardisierung der einzelnen Fragen kann ebenso eine leichtere Vergleichbarkeit der Antworten hergestellt werden. Zugleich können die Ergebnisse der Befragung direkt und einfach im Online-Umfragetool ausgewertet werden[16]. Dieses Vorgehen stellt eine greifbare Auswertung der Ergebnisse sicher, worauf aufbauend dann valide Aussagen abgeleitet werden können.

Die webbasierte Anwendung des Fragebogens begründet sich hauptsächlich in der Ansprache der Zielgruppe. Hierbei wird einerseits die Ansprache einer großen Zielgruppe innerhalb eines kurzen Zeitraums ermöglicht. Gleichzeitig kann durch die hohe Internetfrequenz und der gegenwärtigen Nutzung von Smartphones, Tablets und Laptops an der Universität Stettin eine direkte Beantwortung der Fragen sichergestellt werden. Ebenso ermöglicht der kostenfreie WLAN-Zugang einen direkten, reibungslosen Zugang vom Nutzungsmedium auf den Fragebogen. Weiterhin kann durch die persönliche Präsenz der Befragenden der DHBW Heilbronn sofort auf mögliche Verständnisprobleme eingegangen werden. Aufgrund dessen wird eine differenzierte und qualitativ hochwertige Grundlage für die Auswertung der Befragung geschaffen.

Bestimmung der Zielgruppe

Ein weiterer zu betrachtender Aspekt ist die Wahl einer geeigneten und repräsentativen Zielgruppe. Da sich die Untersuchung auf die Universität Stettin bezieht, wurden ausschließlich Studierende dieser Universität für die Befragung herangezogen. Um die Repräsentanz und Allgemeingültigkeit der Untersuchungsergebnisse sicherstellen zu können, wurden alle vertretenen Studienrichtungen (Ökonomie, Finanzen und Buchhaltung, Tourismusmanagement, Logistik und Allgemeines Management) befragt und im Untersuchungsprozess berücksichtigt.

Aufbau und Gestaltung des Fragebogens

Für die Durchführung der Umfrage wurde mithilfe eines webbasierten Tools vorab der Fragebogen von den Studierenden der DHBW Heilbronn konzipiert. Hierfür wurden im Voraus relevante Fragen gesammelt und anschließend in sinngemäße Aussagen zusammengeführt. Dann wurden die Fragen im Online-Umfragetool eingegeben und in die englische Sprache übersetzt werden. Die Wahl der englischen Sprache begründet sich aus der bestehenden Sprachbarriere zwischen den deutschen Studierenden der DHBW und den polnischen Studierenden

[16] Es wurde das Tool *Survey Monkey* verwendet.

der Universität Stettin. Um diese zu vermeiden und gleichzeitig ein einheitliches Verständnis sicherstellen zu können, wurde während der Untersuchung die englische Sprache gewählt.

Der Fragebogen besteht aus einer kurzen Einführung in die Thematik, insgesamt neun Fragen sowie einer Schlussformel. Die Hinführung zu Beginn des Fragebogens dient dazu, der Zielgruppe einen ersten Einblick in die Thematik zu geben. Diese beinhaltet eine kurze Vorstellung der Studierenden der DHBW Heilbronn und des Forschungsgrundes.

Der Forschungsgrund beinhaltet: **die Verbesserung des Bildungsmarketings an der Universität in Stettin.**

Es folgen sechs spezifische Fragen zum bereits vorgestellten Themengebiet ein. Es handelt sich dabei um halboffene Fragen mit vorgegebenen Antwortmöglichkeiten und einem Zusatzfeld für weitere Angaben. Die Entscheidung für diese Frageform wurde getroffen, um nachfolgend eine leichtere Auswertung der Ergebnisse zu gewährleisten.

Im Fragebogen wird das Prinzip „vom Allgemeinen zum Spezifischen" angewandt, da zu Beginn die Hintergründe für ein Studium an einer Universität erfragt werden und anschließend die Frage nach den Beweggründen für ein Studium an der Universität in Stettin gestellt wird. Im weiteren Verlauf der Befragung sind spezifischere Fragen zur Universität in Stettin vorzufinden, mithilfe derer unter anderem die Kanäle ermittelt werden, über welche die Zielgruppe auf ihre Universität aufmerksam geworden ist. Weiterhin werden Faktoren und Angebote abgefragt, welche eine entscheidende Rolle für die Akquisition neuer Studierenden spielen. Fortführend werden ebenso bestehende Angebote, welche bereits den Studenten an der Universität in Stettin zur Verfügung stehen, ermittelt. Das können beispielsweise Events, Sportangebote oder Vergünstigen für öffentliche Verkehrsmittel sein.

Am Ende der Befragung befinden sich drei Fragen zur Ermittlung der soziodemographischen Merkmale. Dazu gehören die Abfrage des Geschlechts, des Alters sowie der jeweiligen Studienrichtung. Eine angemessene Schlussformel rundet den Fragebogen ab.

Insgesamt wird in der webbasierten Umfrage ein ansprechendes Layout verwendet, um dem Prinzip der Einheitlichkeit gerecht zu werden. Des Weiteren findet der Befragte jeweils eine Frage pro Seite sowie einen Fortschrittsbalken zur Orientierung. Durch die Beantwortung einer

Frage gelangt der Befragte zur nächsten. Das genannte Vorgehen reduziert die Wahrscheinlichkeit eines vorzeitigen Abbruchs, stellt die Beantwortung aller Fragen sicher und fördert das Erreichen eines repräsentativen Ergebnisses mit einer hohen Rücklaufquote.

8 Auswertung des Fragebogens

Bianca Tunger

Im Folgenden werden die Ergebnisse der Umfrage ausgewertet und analysiert.

Der Fragebogen wurde von insgesamt 48 Studierenden beantwortet. Die durchschnittliche Beantwortungsdauer lag bei ca. 4,5 Minuten.

Die befragten Personen sind mit 72,92 % überwiegend weiblich.

Please indicate your gender.

Answered: 48 Skipped: 0

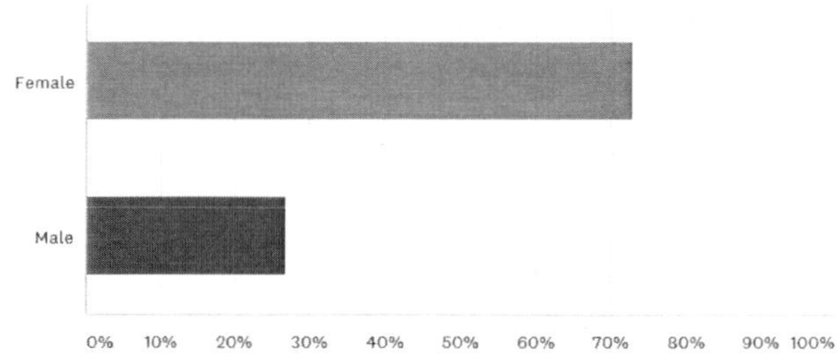

ANSWER CHOICES	RESPONSES	
Female	72.92%	35
Male	27.08%	13
TOTAL		48

Die Altersspanne der Befragten reicht von 20 Jahren bis 25 Jahren. Der Großteil der befragten Studierenden ist 22 Jahre alt (17 Personen) bzw. 23 Jahre alt (20 Personen):

- Alter 20: ein/-e Studierende/-r
- Alter 21: zwei Studierende
- Alter 22: 17 Studierende
- Alter 23: 20 Studierende
- Alter 24: fünf Studierende
- Alter 25: drei Studierende

Die befragten Personen studieren in den Studiengängen Finance and Accounting (19 Studierende), Management (ein/-e Studierende/-r) und Logistics (22 Studierende). Bei dieser Frage waren drei Antworten unbrauchbar. Außerdem haben drei Personen diese Frage nicht beantwortet:

- Finance and Accounting: 19 Studierende
- Management: ein/e Studierende/-r
- Logistics: 22 Studierende

Auf die Frage (Frage 4, vgl. Anhang 3, Abschnitt 16.3), warum sich die Studierenden dafür entschieden haben, überhaupt an einer Universität zu studieren, antworteten 33 Personen, also 68,75 %, dass sie sich aufgrund besserer Karrierechancen dazu entschlossen haben. 17 Personen entschieden sich für die Antwort, dass der Besuch einer Universität zwingend notwendig sei, um später ihren Traumjob ausüben zu können. 20,83 % der Studierenden haben sich für diesen Weg entscheiden, weil sie nicht wussten, was sie ansonsten nach der Schule hätten machen sollen. Weitere Entscheidungsgründe waren: persönliches Interesse (16,67 %) oder Erwartungen seitens der Familie (12,50 %). Als weitere Gründe gaben 4,17 % der Studenten an, dass es sehr leicht sei, an einer Universität zu studieren.

Why did you decide to study at a university?

Answered: 48   Skipped: 0

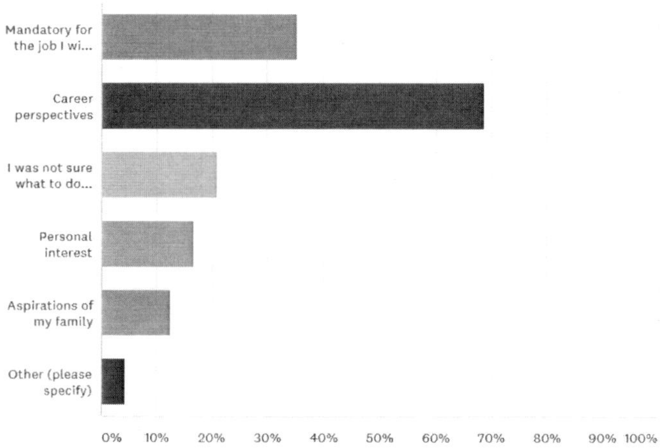

ANSWER CHOICES		RESPONSES	
Mandatory for the job I wish to do		35.42%	17
Career perspectives		68.75%	33
I was not sure what to do after school		20.83%	10
Personal interest		16.67%	8
Aspirations of my family		12.50%	6
Other (please specify)	Responses	4.17%	2

Total Respondents: 48

Die Frage (Frage 5, vgl. Anhang 3, Abschnitt 16.3), warum die Universität in Stettin ausgewählt wurde, beantworteten 52,08 % damit, dass diese Universität sehr nah am Heimatort liegt. Ein weiterer häufig genannter Grund ist, dass die Universität in Stettin von Eltern bzw. Freunden empfohlen wurde (37,50 %). Das Image der Universität hat 22,92 % der befragten Studierenden in ihrer Wahl beeinflusst und 16,67 % haben die Universität von Stettin ausgewählt, da sie die Stadt als attraktiv empfinden. Lediglich 4,17 % wählten die Universität auf Grund der angebotenen Studiengänge aus.

Why did you choose the University of Szczecin?

Answered: 48 Skipped: 0

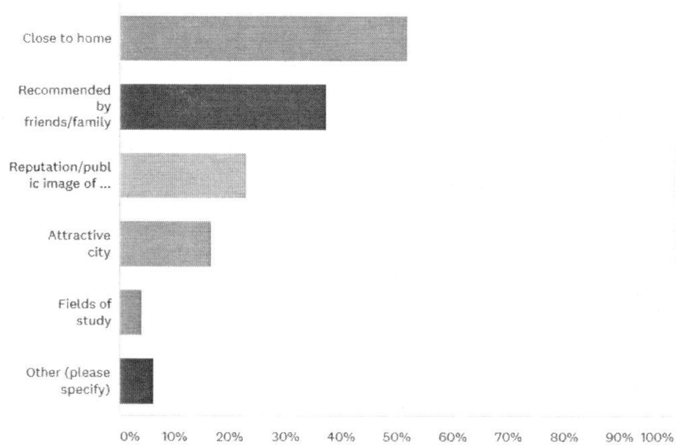

ANSWER CHOICES		RESPONSES	
Close to home		52.08%	25
Recommended by friends/family		37.50%	18
Reputation/public image of the university		22.92%	11
Attractive city		16.67%	8
Fields of study		4.17%	2
Other (please specify)	Responses	6.25%	3

Total Respondents: 48

Weiter wurden die Studierenden befragt, was ihrer Ansicht nach die negativen Aspekte des Studierens an einer Universität seien (Frage 6, vgl. Anhang 3, Abschnitt 16.3). Hierbei waren die Meinungen recht aufgeteilt zwischen den Antworten, dass man nebenher noch einen Teilzeitjob benötigt (37,50 %) und dass die Studierenden ihrem Empfinden nach zu wenig Praxiserfahrung sammeln können (52,08 %). Die weiteren Antworten, aufgrund der Studiengebühren (8,33 %) und der Abhängigkeit von den Eltern (10,42 %), wurden nur selten ausgewählt. Eine Initiativantwort war, dass es keine negativen Aspekte gibt.

In your opinion, what are the negative aspects of studying at a university?

Answered: 48 Skipped: 0

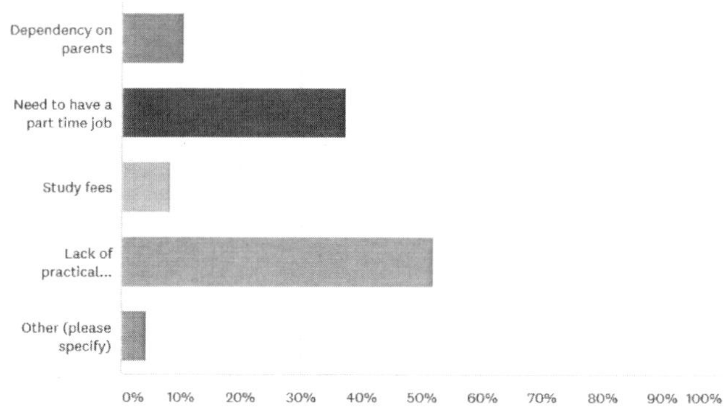

ANSWER CHOICES		RESPONSES	
Dependency on parents		10.42%	5
Need to have a part time job		37.50%	18
Study fees		8.33%	4
Lack of practical experience		52.08%	25
Other (please specify)	Responses	4.17%	2

Total Respondents: 48

Weiter sollte mit Hilfe der Umfrage herausgefunden werden, wie Studierende von der Universität in Stettin erfahren haben (Frage 7, vgl. Anhang 3, Abschnitt 16.3). Die meistgegebene Antwort war mit 62,50 %, dass die Studierenden durch ihre Familie oder ihren Freunden davon gehört hatten. Des Weiteren sind 47,92 % der Befragten durch den Internet- bzw. Social-Media-Auftritt auf die Universität Stettin aufmerksam geworden. Ein weiterer Hauptgrund dafür, dass die Studierenden diese Bildungseinrichtung kennen, ist, dass sie nah bei ihrem Heimatort liegt (37,50 %). Über Infoveranstaltungen bzw. den Tag der offenen Tür sind lediglich 4,17 % der Befragten auf die Universität aufmerksam geworden.

How did you learn about the University of Szczecin?

Answered: 48 Skipped: 0

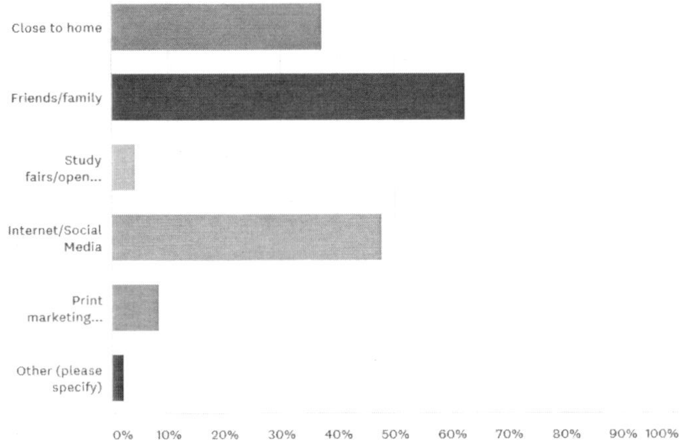

ANSWER CHOICES		RESPONSES	
Close to home		37.50%	18
Friends/family		62.50%	30
Study fairs/open house		4.17%	2
Internet/Social Media		47.92%	23
Print marketing (brochures, posters)		8.33%	4
Other (please specify)	Responses	2.08%	1

Total Respondents: 48

Auch wurden die Studierenden dazu befragt, was die Universität Stettin ihrer Meinung nach machen könne, um attraktiver für Bewerber zu sein (Frage 8, vgl. Anhang 3, Abschnitt 16.3). 56,25 % der Befragten antworteten hier, dass die Universität mehr Praktika bzw. praktische Erfahrungen anbieten sollte oder, wie sich 31,25 % der Studierenden wünschen, mehr finanzielle Unterstützung anbieten sollte. 39,58 % sind der Meinung, dass mehr Marketing über Social Media sinnvoll wäre. Für mehr Tage der offenen Tür oder Vertretungen auf Messen, um mehr Studierende akquirieren zu können, sprachen sich 12,50 % der Befragten aus. Eine Person wies darauf hin, dass der akademische Ruf verbessert werden sollte.

In your opinion, what can the University of Szczecin do to acquire more students?

Answered: 48 Skipped: 0

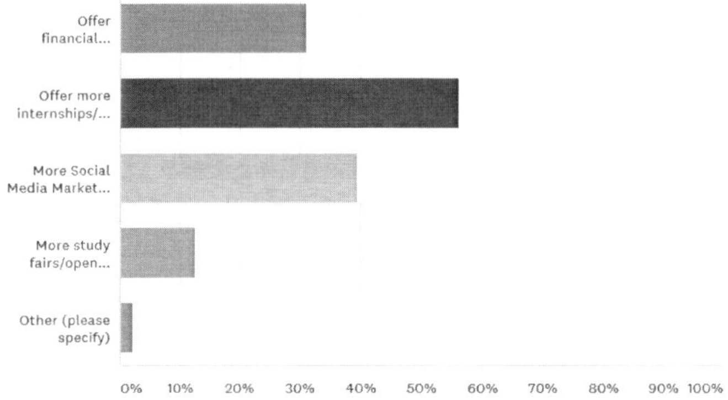

ANSWER CHOICES		RESPONSES	
Offer financial support		31.25%	15
Offer more internships/practical experiences		56.25%	27
More Social Media Marketing		39.58%	19
More study fairs/open houses		12.50%	6
Other (please specify)	Responses	2.08%	1

Total Respondents: 48

Laut den befragten Studierenden bietet die Universität Stettin aktuell Events an (60,42 %) und unterstützt die Studierenden, indem sie billigere Tickets für die öffentlichen Verkehrsmittel (52,08 %) erwerben können. Weitere Vorteile seien, dass die Universität außerschulische Aktivitäten wie Sport oder Ähnliches anbietet (25,00 %) oder die Studierenden einen kostenlosen Zugang zu akademischen Daten bekommen (25,00 %). Weiter bietet die Universität Unterstützung bei der Wohnungssuche an (18,75 %) (Frage 9, vgl. Anhang 3, Abschnitt 16.3).

What kind of support does the University of Szczecin currently offer?

Answered: 48 Skipped: 0

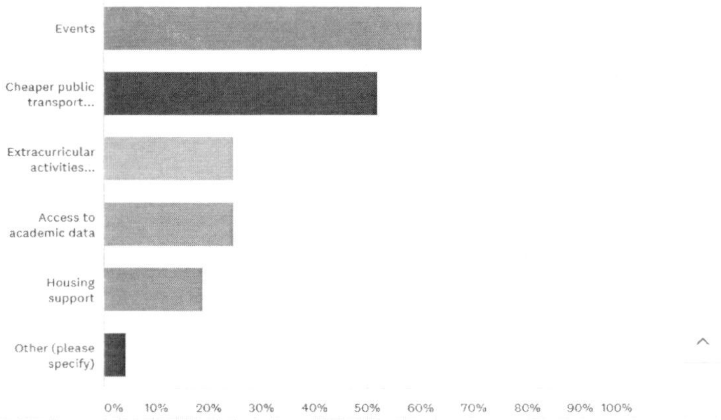

ANSWER CHOICES		RESPONSES	
Events		60.42%	29
Cheaper public transport ticket		52.08%	25
Extracurricular activities (sports, clubs)		25.00%	12
Access to academic data		25.00%	12
Housing support		18.75%	9
Other (please specify)	Responses	4.17%	2

Total Respondents: 48

9 Interpretation der Ergebnisse

Antonia Braesel & Larissa Fischer

Im Anschluss an die Auswertung der Umfrage werden die Ergebnisse nun im Folgenden interpretiert:

Frage 4 zeigt, dass sich viele Studierende für ein Universitätsstudium entschieden haben, weil sie sich davon bessere Karriereperspektiven erhoffen. Ein Studienabschluss wird also mit höheren Jobchancen in Verbindung gebracht. In Bezug auf das Bildungsmarketing der Universität Stettin kann dies als wesentlicher Vorteil eines Studiums hervorgehoben und ggf. mit entsprechenden Studien belegt werden. Auch dass zahlreiche Studierende an der Universität Stettin eingeschrieben sind, um persönlichen Interessen nachzugehen oder weil sie sich unsicher über ihre berufliche Zukunft nach der Schule waren, kann für Marketingaktivitäten genutzt werden. Die Universität Stettin kann hier mit ihren Möglichkeiten zur persönlichen Orientierung und Entfaltung werben.

Der Hauptgrund vieler Befragter für ein Studium an der Universität Stettin war laut Frage 5 die räumliche Nähe zur Heimat und die Empfehlung von Familie und Freunden. Hier kann das Bildungsmarketing der Universität Stettin anknüpfen: Es können innovative und praxisnahe Studiengänge angepriesen werden, für die Studierende aus der Region nicht ihre Heimat, Familie und Freunde verlassen müssen. Die Universität kann betonen, dass sie einzigartige Möglichkeiten sowie ein modernes Lernumfeld in einer vergleichsweise kleinen Stadt anbietet und beispielsweise durch Unternehmenspartnerschaften regional verankert ist. Da sich ein eher geringer Anteil der Befragten für die Universität Stettin aufgrund der Attraktivität der Stadt entschieden hat, ist es möglicherweise sinnvoll, das Bildungsmarketing der Universität mit dem

Stadtmarketing der Stadt Stettin zu verknüpfen. So könnte man potenzielle Studierende für den Standort begeistern und in Kombination mit den Angeboten der Universität dazu bewegen, für ihr Studium nach Stettin zu kommen.

Frage 6 hat ergeben, dass Studierende die mangelnde Praxiserfahrung während eines Universitätsstudiums als besonders negativ wahrnehmen. Das Bildungsmarketing der Universität Stettin sollte also hervorheben, welche Möglichkeiten die Universität zum Sammeln praktischer Erfahrungen bietet und dass die Studiengänge in Stettin sehr praxisnah aufgebaut sind. Weiterhin sollten Optionen zur Finanzierung des Studiums aufgelistet werden. Möglicherweise gibt es Stipendien oder eine polnische Variante des deutschen Bafög, auf die sich Studierende bewerben können. Außerdem könnte man Hilfestellungen zum schnellen Finden eines attraktiven Nebenjobs anbieten, der sich gut mit dem Studium vereinbaren lässt.

Frage 7 zeigt zudem, dass der Großteil der Studierenden zum einen durch ihre Freunde und Familie und zum anderen durch den Social-Media-Auftritt auf die Universität Stettin aufmerksam wurde. Viele Schulabgänger lassen sich also von der Familie, den Freunden sowie den sozialen Medien leiten. Hinsichtlich des Bildungsmarketings der Universität Stettin kann auf diese Faktoren stärker eingegangen werden. Um deutlich mehr Studierende rekrutieren zu können, sollte daher noch stärker am Marketing angesetzt werden. Um die nachfolgenden Generationen zielorientiert zu erreichen, sollte diese Zielgruppe zunächst untersucht werden. Hierbei muss im Speziellen erforscht werden, auf welchen Kanälen die Nachfolgegeneration unterwegs ist. Diese Untersuchung soll zur Folge haben, dass bspw. die Ansprache zielgruppengerecht angepasst wird und neue Kanäle hinzugezogen werden.

Frage 8 hat ergeben, dass die Universität Stettin mehr Praktika-Möglichkeiten bzw. einen größeren Bezug zur praktischen Anwendung anbieten sollte, um mehr Studierende für sich zu gewinnen. Dieser Aspekt wurde bereits in Frage 6 deutlich. Klar wurde allerdings auch, dass die Universität deutlich stärker auf Messen präsent sein sollte. Um das Sammeln praktischer Erfahrungen auszubauen, sollte das Bildungsmarketing Partnerschaften mit im Umkreis gelegenen Firmen aufbauen. Pflichtpraktika können in das Curriculum integriert bzw. aufgenommen werden, sodass die Studierende ihren praktischen Horizont bei den Partnerunternehmen erweitern können. So sind die Studierenden zum Ende des Studiums in der Lage, praktische Erfahrungen vorzuweisen und heben sich bei der Berufsfindung deutlich von anderen Absolventen ab.

Zudem sollte die Universität Stettin nicht nur im Umkreis auf Messen vertreten sein, sondern ebenfalls über die Region hinaus. Somit besteht die Möglichkeit, dass „Neuzuwachs", welcher eine größere Entfernung nach Stettin aufweist, ggfs. für das Studium nach Stettin zieht und somit der Bekanntheitsgrad der Universität auch in der Ferne steigt.

Die letzte Frage (Frage 9) hat gezeigt, dass die Universität viele Events anbietet, um die bestehenden Studierenden zu binden und zufriedenzustellen. Geradewegs solche Events sollten gemäß dem Grundsatz „Tue Gutes und rede darüber!" nach außen kommuniziert werden, um zukünftige Studierende von der Universität Stettin zu überzeugen. Um das Bildungsmarketing weiter auszubauen, könnte zudem eine Auftaktveranstaltung für die Erstsemester konzipiert werden. Damit soll dem Neuzuwachs der Einstieg erleichtert, aber auch die Möglichkeit geboten werden, erste Kontakte zu knüpfen.

10 Handlungsempfehlung I: Mobile Websites – Betrachtung von mobilen Websites als Chance für die Universität Stettin, auch mobil für ihre Zielgruppe erreichbar zu sein

Jasmin Heyd

In dem vorliegenden Kapitel werden mobile Websites bzw. Websites mit responsivem Design näher beleuchtet. Diese dienen als Marketinginstrument, um die Zielgruppe der Universität Stettin auch mobil erreichen zu können. Außerdem wird in diesem Kapitel darauf eingegangen, auf welche Aspekte bei der Erstellung einer mobilen Website geachtet werden sollte.

Das Internet bietet unter anderem auch Bildungseinrichtungen, wie zum Beispiel Universitäten, neue Möglichkeiten, Informationen über ihr Bildungsangebot und deren Bildungseinrichtung zu streuen, sowie neue Alternativen der Kommunikation und Interaktion mit ihrer Zielgruppe. Die größte Zielgruppe von Universitäten sind Schulabgänger mit der allgemeinen Hochschulreife. Nahezu alle, die dieser Zielgruppe angehören, sind mit mobilen Endgeräten wie dem Smartphone ausgestattet. Abiturienten der heutigen Zeit gehören der Generation Z an. Von der Generation Z wird ab dem Geburtsjahrgang 1995 gesprochen (vgl. Kamluk 2017, S. 208). Diese Generation ist mit zahlreichen neuen Technologien wie beispielsweise dem Smartphone aufgewachsen. Das sind unter anderem Gründe, weshalb mobile Applikationen, wie zum Beispiel mobile Websites, immer mehr in den Fokus des Marketings rücken (vgl. Geyer et al. 2017, S. 215). Deswegen macht es Sinn, dass sich auch eine Universität mit der Konzeption einer mobilen Website beschäftigt, um für die potenziellen Studenten auch mobil erreichbar zu sein (vgl. Holland 2016, S. 131 f.).

10.1 Was zeichnet mobile Websites aus?

Bei mobilen Websites handelt es sich um Internetseiten, welche so angepasst sind, dass diese unter anderem auch auf Smartphones genutzt werden können. Mobile Websites stellen die verkürzte und angepasste Version der Desktop-Website dar und zeichnen sich, im Vergleich zu Computern, durch schnellere Übertragungsraten aus (vgl. Meyer 2014, S. 88). Unterschieden werden die mobile Website und die responsive Website. Mobile Websites werden ausschließlich für mobile Endgeräte konzipiert, weshalb diese auch unter einer eigenständigen URL erreichbar sind (vgl. Keßler et al. 2015, S. 846). Vorteil einer mobilen Website ist, dass Layout und Inhalt zielgerichtet für mobile Endgeräte, wie zum Beispiel Smartphones, angepasst werden können. Außerdem lassen sich speziell für die Displaygröße von Smartphones einzelne Elemente, die zur Benutzerfreundlichkeit beitragen, programmieren. So könnten sich Universitäten beispielsweise auf ihrer mobilen Website inhaltlich ausschließlich auf die optimale Präsentation ihrer Studienangebote konzentrieren. Nachteil einer mobilen Website ist, dass diese zusätzlich zur Desktop-Website existiert und deshalb inhaltlich regelmäßig auf Aktualität geprüft und bei Bedarf optimiert werden muss. Im Gegensatz dazu passen sich Websites im responsiven Design per Konfigurierung entsprechend an den jeweiligen Gerätetyp an. Responsive Websites stellen dieselben Inhalte wie auf der Desktop-Website auf allen Gerätetypen unter derselben URL zur Verfügung (vgl. Keßler et al. 2015, S. 846). Daher ist ein separates Pflegen der Website nicht mehr nötig (vgl. Keßler et al. 2015, S. 849). Allerdings kann bei Websites mit responsivem Design der Inhalt nicht explizit an die Bedürfnisse eines mobilen Nutzers angepasst werden, welcher häufig schnelle und kurze Antworten auf Fragen sucht und sich erst auf eigenen Wunsch nähere Informationen zu einer Thematik beschaffen möchte (vgl. Meerman Scott 2012, S. 326).

Wenn sich die Universität für die Konzeption einer mobilen Website entschieden hat, wird das bisherige Online-Angebot umgestaltet, denn die mobile Version stellt, wie oben schon erwähnt, eine Ergänzung zur Desktop-Website dar (vgl. Meyer 2014, S. 88). Konkret bedeutet das, dass aufgrund des kleineren Displays, im Vergleich zum Computermonitor, die Informationen entsprechend aufbereitet und das Layout anwenderfreundlich angepasst werden müssen (vgl. Keßler et al. 2015, S. 847).

Das Internet und damit auch eine mobile Website ist ein Pull-Medium, da der Nutzer selbst Informationen aus dem Internet anfordert (vgl. Charlesworth 2010, S. 60). Unter der Pull-Kommunikation wird verstanden, dass nur Informationen, die aus Kundensicht relevant sind, übermittelt werden, d. h. der Konsument ergreift die Initiative (vgl. Holland 2016, S. 129). Das Pendant zur Pull-Kommunikation ist die Push-Kommunikation. In dieser Kommunikationsform werden vom Unternehmen aktive Botschaften an den (potenziellen) Kunden verschickt, wie zum Beispiel E-Mail-Werbung, d. h. hier besteht keine Informationsanforderung der anderen Seite (vgl. Holland 2016, S. 129). Bevor jedoch eine mobile Website erstellt wird, sollte zuerst der Bedarf an Informationen, die für die Zielgruppe mobil verfügbar sein sollen, evaluiert werden (vgl. Keßler et al. 2015, S. 849).

10.2 Was ist beim Aufbau einer mobilen Website zu beachten?

Für die Entwicklung von mobilen Websites wird aufgrund der immer leistungsstärker werdenden Smartphones auf HTML5, CSS3 und JavaScript gesetzt (vgl. Keßler et al. 2015, S. 847). Bezüglich der Architektur, d. h. wie die Seite der mobilen Website aufgebaut und sortiert wird, sowie an welchem Ort diese Website im Internet abgelegt werden soll, hat der Anwender verschiedene Möglichkeiten. Im Folgenden werden zwei Möglichkeiten vorgestellt:

- Die mobile Website könnte eine eigene Domain bekommen. Die Konsequenz wäre, dass die mobile Website unabhängig von der Desktop-Website existieren würde und damit beispielsweise nicht vom Ranking, welche die primäre Website in Suchmaschinen besitzt, profitieren könnte (vgl. Meyer 2014, S. 90).
- Eine weitere Möglichkeit wäre eine Subdomain oder ein Unterverzeichnis für mobile Endgeräte auf der Desktop-Website einzurichten. Dadurch würde die mobile Website von dem oben beschriebenen Ranking profitieren können (vgl. Meyer 2014, S. 90).

Trifft die Wahl der Architektur auf die erste Alternative, sollte ein genauerer Blick auf das Rankingsystem für Mobilgeräte geworfen werden. Wichtig ist hierbei beispielsweise, dass Google den mobilen Inhalt der Website findet, damit diese überhaupt gerankt wird. Das kann gelingen, indem eine sogenannte Website-Navigation für den Anwender bereitgestellt wird. Diese Navigation unterscheidet sich auf Grund von Layout-Anpassungen von der Desktop-Navigation (vgl. Meerman Scott 2012, S. 326). Um mehr Transparenz darüber zu schaffen, über welches mobile Endgerät auf die mobile Website zugegriffen wird, sollte die Website so programmiert werden, dass dies untersucht werden kann; mit dem Ziel, für die verschiedenen Gerätetypen jeweils eine optimierte beziehungsweise angepasste Version zur Verfügung zu stellen. So kann sichergestellt werden, dass die Inhalte der Website auf allen Gerätetypen gut dargestellt werden (vgl. Meyer 2014, S. 88).

10.3 Was macht eine mobile Website benutzerfreundlich?

Das Application-Performance-Management-Unternehmen Compuware veröffentlichte in dem Report „What Users Want from Mobile", dass 72 Prozent der interviewten deutschen Anwender erwarten, dass eine Webseite auf ihrem Smartphone genauso schnell oder gar schneller als auf dem Laptop oder PC lädt (vgl. Hülsbömer 2011, o. S.). Dauert das Laden einer mobilen Website länger als fünf bis sieben Sekunden, führt dies häufig zu Abbrüchen (vgl. Kolbrück 2013, S. 202).

Um schnelle und performante mobile Websites anbieten zu können, sollte die Anzahl an Elementen, die die Ladezeit in die Länge ziehen, reduziert werden. Vor allem sollten Grafiken wie Weblinks, welche hinter den Grafiken liegen, vermieden werden (vgl. Hülsbömer 2011, o. S.). Alternativ könnten diese im Fließtext dargestellt werden, denn „je weniger der Anwender auf einmal laden muss, desto benutzerfreundlicher ist die Seite" (Hülsbömer 2011, o. S.). Des Weiteren könnten die Dateigrößen verschlankt werden. Im Fokus hierbei stehen besonders Bilder und Grafiken (vgl. Hülsbömer 2011, o. S.). Diese sollten in angepasster Form auf dem Server abgelegt werden. Eine optimierte Form wird durch Anpassung der Auflösung als auch der Skalierung erreicht. Grafiken, die größer als zehn Kilobyte sind, sollten für die mobile Webseite bestmöglich komprimiert oder komplett ausgetauscht werden (vgl. Hülsbömer 2011, o. S.). Auf einer mobilen Website sollten dem Anwender die wichtigsten Informationen präsentiert werden, die er sucht (vgl. Meerman Scott 2012, S. 326). Beispielsweise könnte sich die Universität Stettin bei der Konzeption einer mobilen Website auf eine übersichtliche und informative Darstellung der Studiengänge konzentrieren.

Neben einer schnell ladenden Seite sollte sich der Benutzer auch gut auf der Website zurechtfinden. Um die Benutzerfreundlichkeit zu erhöhen, sollte die Website eine unkomplizierte, bestenfalls vertikale und klar betitelte Navigationsstruktur aufweisen; in anderen Worten eine leichte und intuitive Bedienbarkeit (vgl. Giesinger 2016, S. 26). Der Grad der Benutzerfreundlichkeit kann erweitert werden, indem der Anwender erst nach ausdrücklichem Wunsch weitere Informationen durch aufklappbare Einstellungsmöglichkeiten bekommen kann (vgl. Hülsbömer 2011, o. S.). Weiterhin ist es hilfreich, vermehrt Bilder einzusetzen und Textumfänge zu kürzen, denn Bilder emotionalisieren und wecken Neugier beim Anwender (vgl. Giesinger 2016, S. 26). Außerdem gilt es zu beachten, dass Smartphones über verschiedene Betriebssysteme, wie zum Beispiel IOS oder Android, verfügen. Deshalb ist es wichtig, dass vor dem Liveschalten einer mobilen Website getestet wird, ob die Inhalte der mobilen Website auf Smartphones mit unterschiedlichen Betriebssystemen in gleichbleibender, guter Qualität dargestellt werden können (vgl. Geyer et al. 2017, S. 237).

10.4 Fazit

Zusammenfassend lässt sich sagen, dass das Einrichten einer anwenderfreundlichen mobilen Website immer wichtiger wird, um die anfangs beschriebene Zielgruppe, die Generation Z, zu erreichen. Ob eine eigenständige mobile Website eingerichtet wird oder doch eine Website mit einem responsiven Design gewählt wird, muss von den Verantwortlichen abgewogen werden. Auf die jeweiligen Vor- und Nachteile wurde in diesem Kapitel eingegangen. Das Einrichten einer mobilen Website kann gelingen, indem vermehrt auf Bilder mit geringem Umfang an Kilobytes gesetzt wird und Textumfänge auf das Wichtigste gekürzt werden. Denn ein mobiler Nutzer möchte tendenziell die wichtigsten Informationen schnell finden und kurz auf den Punkt gebracht präsentiert bekommen. Die Generation Z ist mit der Technologie Smartphone aufgewachsen und dafür entsprechend affin. Deswegen sollte neben dem Aspekt der mobilen Website als Marketinginstrument auch Social Media als weiteres Marketinginstrument näher beleuchtet werden.

10.5 Literatur

GEYER, H., EPHROSI, L. & MAGERHANS, A. (2017). Crashkurs Marketing: Grundlagen, Strategien, Konzepte. Freiburg: Haufe-Lexware.

GIESINGER, G. (2016). Mobile muss selbsterklärend sein. *Horizont* (Nr.15), S. 26.

HOLLAND, H. (2016). Dialog-Marketing: Offline- und Online-Marketing, Mobile- und Social Media-Marketing. München: Franz Vahlen.

HÜLSBÖMER, S. (2011). So machen Sie mobile Webseiten flott. *Computerwoche*, Nr. 44. Online abrufbar unter: https://www.wiso-net.de/document/CW__20111031335211241846827l2440 (zuletzt abgerufen am 23.01.2019).

KAMLUK, D. (2017). Strategisches Talent Management. Vorübergehender Trend oder innovativer Erfolgsfaktor? In: Bröckermann, R. (Hrsg.): Praxisorientierte Personal-und Organisationsforschung. Augsburg, München: Rainer Hampp.

KEẞLER, E., RABSCH, S. & MANDIC, M. (2015). Erfolgreiche Websites: SEO, SEM, Online-Marketing, Usability. Bonn: Rheinwerk.

KOLBRÜCK, O. (2013). Erfolgsfaktor Online-Marketing: So werben Sie erfolgreich im Netz - E-Mail, Social Media, Mobile & Co. Frankfurt a. M.: Deutscher Fachverlag.

MEERMAN SCOTT, D. (2012). Die neuen Marketing- und PR-Regeln im Social Web. Heidelberg u.a.: mitp.

MEYER, N. (2014). Die Zukunft des Marketings ist mobil! Grundlagen, Voraussetzungen und Instrumente des Mobile Marketing. Hamburg: Diplomica.

CHARLESWORTH, A. (2010). Die digitale Revolution. Offenbach: Gabal.

11 Handlungsempfehlung II: Hochschulmarketing 2.0 – Nutzung von Social-Media-Kanälen zur Gewinnung von Studienbewerbern an der Universität Stettin

Florian Claus Schütz

Heutzutage gehört es zum gängigen Stadtbild dazu, dass einem eine Vielzahl an Passanten mit gesenktem Blick begegnet und in die Konversation mit Freunden in sozialen Netzwerken vertieft scheint (vgl. Mack & Vilberger 2015, S. 1). Im vorliegenden Kapitel wird deshalb betrachtet, wie mithilfe sozialer Medien die Bewerberquote von Studieninteressierten an der ökonomischen Fakultät der Universität Stettin angesichts einer in Polen herrschenden Vollbeschäftigung nachhaltig gesteigert werden kann. Es werden nicht alle möglichen Social-Media-Anwendungen einzeln aufgezeigt, sondern eine kompakte Auswahl als Teilhandlungsempfehlung für ein ganzheitliches Hochschulmarketing vorgestellt.

11.1 „Auf dem Weg vom statischen Web 1.0 zum Social Web"

Zunehmend werden statische Websites des Webs 1.0 um interaktive Dialogelemente bzw. Schnittstellen zu sozialen Netzwerken ergänzt (vgl. Buchenau & Fürtbauer 2015, S. 7). Angesichts dieses umfassenden Wandels des Internets spricht man vom neu entstehenden Web 2.0 (vgl. Decker 2019, S. 14), dessen mediale Inhalte nunmehr durch die öffentliche Beteiligung einer Vielzahl an Publizisten und Konsumenten generiert und teils mehrfach wiederverwendet werden (vgl. Hinterholzer & Jooss 2013, S. 226). Damit verbunden fällt häufig der Begriff Social Media, der derzeit in aller Munde ist und insbesondere kleine bzw. mittlere Unternehmen (KMU) vor stetig neu auftretende Herausforderungen zu stellen scheint (vgl. Mack & Vilberger 2015, S. 1). „Unter Social Media werden soziale Netzwerke verstanden, die als Plattformen zum gegenseitigen Austausch von Meinungen, Eindrücken und Erfahrungen dienen. Es handelt sich um soziale Netzwerke, Blogs, Online- und Video-Zusammenarbeit" (Hilker 2012, S. 11). Innerhalb von Social-Media-Anwendungen werden nicht nur real-menschliche Beziehungen abgebildet, sondern darüber hinaus auch ein rein virtueller Beziehungsaufbau – zum Beispiel durch die Funktion eines Followers oder Fans – ermöglicht (vgl. Pein 2015, S. 25).

11.2 „Guter wie schlechter Ruf eilt einem voraus"

Digitale Kommunikation in Social-Media-Kanälen ist dadurch gekennzeichnet, dass die Nutzer neue Gruppen erstellen oder Beziehungen zu anderen Mitgliedern aufnehmen können (vgl. Wampfler 2018, S. 18). Es handelt sich letztlich um eine Form des sog. Mitmach-Internets, bei welchem die kollektive Intelligenz von den Nutzern als Chance zur Steigerung des Wissens in der Gesellschaft verstanden wird (vgl. Kreutzer 2014, S. 4). Starken Einfluss auf den Angebotscharakter eines Social-Media-Kanals haben zudem auch dessen Design und Programmierung, weil hierdurch unterschiedliche Anreize zur Kommunikation geschaffen bzw. verhindert werden können (vgl. Wampfler 2018, S. 19). Durch den beinahe überall verfügbaren Zugang zum Internet und die Interaktionsmöglichkeiten sozialer Netzwerke erhält jeder einzelne Nutzer die Chance, seine eigenen Inhalte öffentlich zu verbreiten und mit anderen auszutauschen (vgl. Bruhn & Hadwich 2013, S. 5; Buchenau & Fürtbauer 2015, S. 21). Durch die Möglichkeit der Nutzer sich öffentlich im Internet zu jeglichen Themen austauschen zu können, rückt auch das Thema Hochschulreputation in den Betrachtungsfokus (vgl. Schröder 2013, S. 198). Hinsichtlich der Reputation einer Hochschule bergen soziale Medien deshalb auch die Gefahr, dass sich schlechte Bewertungen – ungeachtet deren tatsächlicher Berechtigung – rasch erstellen lassen und im Anschluss weltweit eingesehen werden können (vgl. Wampfler 2018, S. 20). Letztlich hat die Reputation – also der Ruf einer Person oder Einrichtung – zentralen Einfluss auf die Glaubwürdigkeit der veröffentlichten Inhalte (vgl. Kreutzer 2014, S. 1).

11.3 „Ohne durchdachte Planung fährt der Karren gegen die Wand"

Zur Planung und Durchführung der Aktivitäten in sozialen Medien empfiehlt es sich, einen Mitarbeiter der Hochschulkommunikation anzustellen (vgl. Schröder 2013, S. 209), der die fachliche und persönliche Eignung für eine tägliche Arbeit mit Social Media aufweisen muss (vgl. Bruhn & Hadwich 2013, S. 30; Weinberg 2012, S. 73 f.). Wenngleich die meisten Stellenprofile von Social-Media-Managern die Koordination der Aktivitäten in den sozialen Netzwerken im Kern umfassen, besteht noch kein einheitliches Berufsbild (vgl. Pein 2015, S. 42 ff.). Für den Erfolg eines Social-Media-Managers kann auch ein konsistentes Auftreten auf Social-Media-Kanälen sowie in der klassischen Öffentlichkeitsarbeit von zentraler Bedeutung sein (vgl. Schröder 2013, S. 209). Die Festlegung der Inhalte sollte jedoch nicht durch diese einzelne Person erfolgen, sondern von einem heterogen zusammengestellten Expertenteam (vgl. Hilker 2012, S. 14) – bezogen auf eine Hochschule bieten sich Vertreter unterschiedlicher Lehr- und Verwaltungsbereiche an (z. B. Lehrfakultäten, Finanzen, Personalwesen, Auslandsamt, Hochschulsport). Zur Durchführung von Social-Media-Aktivitäten ist ein eigenes Budget bereitzustellen (vgl. Mack & Vilberger 2015, S. 2), dessen Höhe häufig bei der Gesamtbudgetplanung jedoch zu sehr vernachlässigt wird (vgl. Heinemann 2017, S. 251).

11.4 „Ohne Kenntnis der Zielgruppe ist das Schiff führerlos"

Zunächst sollten alle Zielgruppen des Social-Media-Hochschulmarketings systematisch erfasst und nach externer (z. B. Studieninteressierte) bzw. interner (z. B. Mitarbeiter) Relevanz unterschieden werden (vgl.

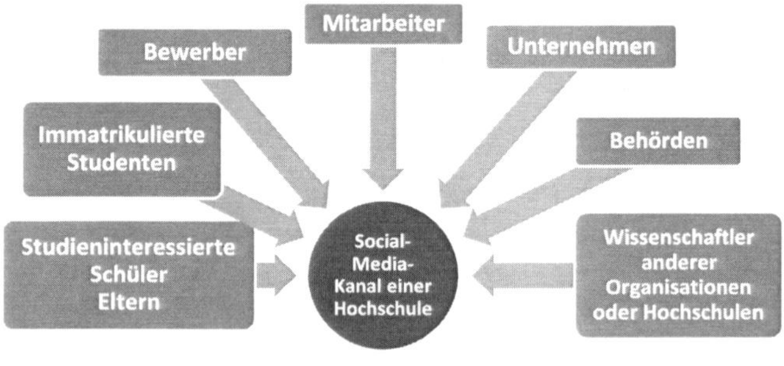

Schröder 2013, S. 197 f.). Alternativ können die Nutzer im Rahmen einer Zielgruppenanalyse auch nach deren Bedarf an Information, Unterhaltung und Selbstdarstellung eingeteilt werden (vgl. Bruhn & Hadwich 2013, S. 12). Angesichts der Steigerung der Bewerberquote ist insbesondere die Zielgruppe der Studieninteressenten und Schüler bei der

Konzeption des Hochschulmarketings zu beachten. Aktuelle Untersuchungen belegen, dass sich soziale Medien zum bestimmenden Faktor im Leben vieler Jugendlicher entwickelt haben (vgl. Buchenau & Fürtbauer 2015, S. 21). Junge Menschen, die nach 1980 und vor 1995 geboren wurden, werden auch unter dem Begriff „Generation Y" zusammengefasst (vgl. Ciesielski & Schutz 2016, S. 43). Bei kritischer Betrachtung aktueller Massenmedien könnte man den Eindruck erlangen, dass Jugendliche der Generation Y auf die Nutzung sozialer Medien gar nicht mehr verzichten können (vgl. Wampfler 2018, S. 11). Häufig bezeichnet man diese Jugendlichen auch als „Digital Natives", da sie bereits von Kindesbeinen an mit modernen Informations- und Kommunikationstechnologien (z. B. E-Mail oder Smartphone) aufgewachsen sind (vgl. Buchenau & Fürtbauer 2015, S. 5). Durch das Vorhandensein sozialer Medien ergeben sich für die Jugendlichen bereits in der Pubertät ganz neue Wege, wenn die Phase des Abnabelns von den sozialen Strukturen des Elternhauses erfolgt (vgl. Wampfler 2018, S. 21). Soziale Medien (z. B. Blogs, Facebook oder YouTube) haben das Verhalten der Jugendlichen insoweit verändert, als dass nun ein nicht endend wollender Wissensdrang nach neuen Inhalten entstanden ist (vgl. Buchenau & Fürtbauer 2015, S. 7). An sozialen Medien finden Jugendliche zudem großen Gefallen, weil entgegen traditioneller Medien (z. B. Radio oder Zeitung) unmittelbar Einfluss auf den Inhalt genommen werden kann (vgl. Wampfler 2018, S. 11). Insofern die Nutzer einer Plattform selbst zur Inhaltserstellung beitragen, spricht man auch von sog. User Generated Content (vgl. Hinterholzer 2013, S. 104) Jugendliche schenken zudem digitalen Empfehlungen von Freunden oder Kollegen mehr Glaubwürdigkeit als Werbebotschaften in Massenmedien (vgl. Wampfler 2018, S. 13). Je höher die Anzahl derjenigen Personen ist, die eine Aussage in einem Sozialen Netzwerk bestätigen, desto glaubwürdiger erscheint es in der Regel für den Ratsuchenden (vgl. Mack & Vilberger 2015, S. 2). Auch eine Hochschule sollte deshalb bei der Nutzung von Social-Media-Kanälen darauf achten, dass die geäußerten Verbesserungsvorschläge der immatrikulierten Studenten wahrgenommen und in tatsächlichen Maßnahmen umgesetzt werden (vgl. Schröder 2013, S. 209 f.). Auf die veränderte Mediennutzung der „Digital Natives hat auch die Wirtschaft in Bereichen wie Recruiting oder Marketing reagiert (vgl. Buchenau & Fürtbauer 2015, S. 1). Durch die Vereinheitlichung der Studienstruktur im Rahmen des Bologna-Prozesses und der höheren Mobilität junger Menschen innerhalb Europas liegt ein anderes Rekrutierungspotential vor (vgl. Reckenfelderbäumer &

Kim 2006, S. 183 f.), weshalb die Aktivitäten des Hochschulmarketings der Universität Stettin einen internationalen Fokus haben müssen.

11.5 „Die Wahl des geeigneten Social-Media-Kanals will gut überlegt sein"

Neben der bereits erfolgten Betrachtung der Zielgruppe könnte auch detaillierter analysiert werden, auf welchen Kanälen präferiert interagiert wird (vgl. Bruhn & Hadwich 2013, S. 12). Um einen möglichst großen Erfolg der Social-Media-Aktivitäten hinsichtlich Bekanntheit und Reputation der Universität Stettin zu erreichen, sollten für die Zielgruppe interessante Inhalte zudem auf mehreren Kommunikationskanälen veröffentlicht werden (vgl. Buchenau & Fürtbauer 2015, S. 7). Das Interesse zur Nutzung eines Social-Media-Kanals bestimmt sich in der Regel auch durch den empfundenen Nutzwert der Besucher, weshalb man sowohl für Studieninteressierte als auch bereits immatrikulierte Studenten zum Beispiel den Mitschnitt einer Vorlesung publizieren könnte (vgl. Schröder 2013, S. 209). Durchschnittlich erinnert sich ein Mensch am Ende eines Tages an drei wahrgenommene Werbebotschaften, was in der zunehmenden Werbeflut begründet liegt (vgl. Buchenau & Fürtbauer 2015, S. 25). Dennoch bergen soziale Medien auch die Möglichkeit, in der zunehmenden Informationsflut einen besseren Überblick zu behalten (vgl. Wampfler 2018, S. 11). Eine Hochschule sollte zudem ihre Social-Media-Aktivitäten lediglich als einzelne Komponente einer ganzheitlichen Marketing-Mix-Strategie betrachten (vgl. Schröder 2013, S. 209):

11.5.1 YouTube

Wenngleich sich die meisten der vorgestellten Social-Media-Plattformen eher durch textbasierte Inhalte und imposante Bilder auszeichnen, heben sich Videokanäle wie YouTube durch den Einsatz audiovisueller Medien von der Konkurrenz ab (vgl. Schröder 2013, S. 209; Bruhn & Hadwich 2013, S. 7). Da hinter der Produktion eines Videos häufig noch ein hoher zeitlicher wie finanzieller Aufwand vermutet wird, nutzen bis dato noch wenige Unternehmen oder Hochschulen die Plattform YouTube zu Marketing-Zwecken (vgl. Gerloff 2015, S. 18 ff.). Indem neben dem Studiengang und dem Studentenleben auch mögliche Berufschancen nach dem Studium in Form von kurzen Videos aufgezeigt werden, kann die Aufmerksamkeit und das Interesse der Studieninteressierten jedoch sehr gut gewonnen werden (vgl. Schröder

2013, S. 209). Darüber hinaus bieten sich kurze Videos über stattgefundene Veranstaltungen (z. B. Graduierungsfeiern, Tag der offenen Tür oder Vorträge) an, um die Besucher auch nach der Veranstaltung auf weitere Hochschulaktivitäten aufmerksam zu machen. Durch die Wahl spannender Titel bewegt man unter Umständen auch Hochschulexterne, die quer durch die Plattform streifen oder sich die vom Algorithmus vorgeschlagenen Videos ansehen, zum Besuch des Hochschul-Videokanals der Universität Stettin.

11.5.2 Twitter

Beim Online-Dienst Twitter können die Nutzer mittels Textnachrichten, deren Umfang ähnlich der SMS-Technologie auf 140 Zeichen begrenzt ist, öffentlich Beiträge oder Meinungen abgeben (vgl. Hinterholzer 2013, S. 113). Auch wenn Twitter eine neuartige Form des Bloggens in Echtzeit ermöglicht, hat der Anbieter seit dem Börsengang mit stagnierenden Nutzerzahlen und Finanzierungsschwierigkeiten zu kämpfen (vgl. Decker 2019, S. 17). Dennoch eignet sich die Social-Media-Plattform Twitter, um ohne großen Aufwand innerhalb kurzer Zeit prägnante Informationen zu veröffentlichen (vgl. Zarrella 2010, S. 39). Beispielsweise könnten Hinweise auf beginnende bzw. endende Bewerbungsfristen oder zukünftig stattfindende Infoveranstaltungen gegeben werden.

11.5.3 Instagram

Im Jahr 2010 startete die bis heute sehr erfolgreiche Fototauschplattform Instagram (vgl. Fasse 2019, S. 9), welche bereits zwei Jahre später durch den Facebook-Konzern übernommen wurde (vgl. Decker 2019, S. 18). Auf dieser für den Nutzer kostenlosen Plattform finden neben Privatpersonen auch Personen des öffentlichen Lebens sowie Unternehmen eine gute Möglichkeit, um einer möglichst großen Anzahl an Menschen neue Ideen und Inspirationen zu unterbreiten (vgl. Fasse 2019, S. 7). Zum Produktstart wies Instagram als Produktalleinstellungsmerkmal eine integrierte Tool-Box zur Bildbearbeitung – insbesondere mit Vintage- oder Black & White-Filtermöglichkeiten – auf (vgl. Decker 2019, S. 18). Neben einer Web-Version bestehen für das Hochladen, Bearbeiten und Veröffentlichen der gewünschten Aufnahmen sowohl eine App in Android als auch iOS (vgl. Fasse 2019, S. 7 f.). Je nach gewählter Einstellung im Bereich Privatsphäre lassen sich die veröffentlichten Inhalte nur von einem mit dem Account verbundenen Nutzerkreis einsehen (vgl. Decker 2019, S. 224). Bezogen auf das Hochschulmarketing der Universität Stettin ließe sich die Plattform nutzen, um Fotos aktueller Veranstaltungen sowie humorvolle Werbeanzeigen zu publizieren. Unter Umständen könnten auch erfolgreiche Absolventen mit ihrer späteren Laufbahn vorgestellt werden, um den Studieninteressierten mögliche Perspektiven aufzuzeigen und ein Verständnis für spätere Berufsbilder zu vermitteln.

11.5.4 Facebook

Für den umgreifenden Erfolg von sozialen Netzwerken ist insbesondere auch die im Jahr 2004 gegründete US-amerikanische Plattform Facebook verantwortlich (vgl. Mack & Vilberger 2015, S. 2). Wenngleich die deutschen Medien beinahe turnusmäßig neue Enthüllungen über unberechtigte Datenweitergaben oder gravierende Probleme mit der Datensicherheit veröffentlichen (vgl. Giesen 2012), hat sich Facebook innerhalb weniger Jahre zum größten sozialen Netzwerk weltweit entwickelt (vgl. Buchenau & Fürtbauer 2015, S. 23). Neben der Publikation von Videos auf YouTube lassen sich eben jene auch in Facebook einbinden (vgl. Schröder 2013, S. 209). Selbst bei einem Rückgang der Popularität von Facebook erscheint der Siegeszug sozialer Medien unumkehrbar (vgl. Buchenau & Fürtbauer 2015, S. 23). Deshalb sollte Facebook auch seitens der Universität Stettin als Ankermedium genutzt werden. Es empfiehlt sich, die Plattform als eine Art „Dashboard“ zu betrachten und auf neu veröffentlichte Beiträge in anderen Social-Media-Kanälen (z. B. YouTube oder Twitter) zu verweisen. Da Facebook zudem eine integrierte Chatfunktion namens Facebook Messenger anbietet (vgl. Decker 2019, S. 207), könnte den Plattformnutzern zu bestimmten Service-Zeiten eine direkte Kontaktmöglichkeit via Chat angeboten werden.

11.6 „Nicht den richtigen Erfolg messen, sondern den Erfolg richtig messen“

Um den Erfolg der Social-Media-Aktivitäten objektiv zu beurteilen, werden zudem messbare Kennzahlen definiert und turnusmäßig erhoben (vgl. Schröder 2013, S. 209). Da durch eine zu einseitige Betrachtung falsche Rückschlüsse möglich wären, sollte bei der Wahl aussagekräftiger Kennzahlen nicht nur die Aufrufrate eines Kanals (z. B. Aufrufe des Twitter-Profils) analysiert werden (vgl. Hinterholzer 2013, S. 10). Eine Vielzahl an Social-Media-Kanälen bietet integrierte Möglichkeiten zur Auswertung bestimmter Kennzahlen an (vgl. Geyer et al. 2017, S. 239). Auch wenn in Abhängigkeit von der gewählten Plattform manche

Kennzahlen sinnvoller als andere sein können, eignen sich zur Effektivitätskontrolle der gewählten Social-Media-Strategie folgende Kategorien (vgl. Lambertin & Ziegler 2013, S. 147; Bärmann 2012, S. 43):

- **Rate of Interaction and Engagement Rate**, d. h. das Nutzerverhalten bezüglich der Anzahl und/oder Schnelligkeit von Kommentaren auf veröffentlichte Beiträge oder eigene Nachrichten
- **Direct Reach,** d. h. der Bekanntheitsgrad einer Seite gemessen an der Anzahl an Fans oder Follower
- **Click-Through-Rate and Traffic-Pull,** d. h. die Klickrate und der dadurch erzeugte Datenverkehr auf der Social-Media-Präsenz
- **Sharing and Content Amplification,** d. h. der Umfang bzw. die Häufigkeit der Weiterverbreitung veröffentlichten Beiträge mittels Teilen oder Twittern

Nach erfolgter Zieldefinition der KPI-Werte kann ein Soll-Ist-Abgleich durchgeführt werden (vgl. Bruhn & Hadwich 2013, S. 32), wozu sich auch die Einführung und Nutzung einer Softwarelösung anbietet (vgl. Geyer et al. 2017, S. 239). Im Anschluss kann der festgelegte KPI-Verantwortliche aus den gemessenen Werten geeignete Maßnahmen ableiten (vgl. Hinterholzer 2013, S. 10), um das Interesse der definierten Zielgruppen zu steigern und eine positive Reputation der Universität Stettin sicherzustellen.

11.7 Fazit

Im vorliegenden Kapitel wurde der Trend des Social-Media-Marketings auf einen möglichen Einsatz im Hochschulmarketing der ökonomischen Fakultät der Universität Stettin beleuchtet. Abschließend bleibt festzuhalten, dass durch die stetige Fortentwicklung des Internets zum Web 2.0 auch die Popularität und Nutzungsfrequenz sozialer Netzwerke deutlich angestiegen ist (vgl. Buchenau & Fürtbauer 2015, S. 7). Insbesondere die für das Hochschulmarketing interessante Zielgruppe der Schüler bzw. jungen Menschen bewegen sich in diversen sozialen Medien. Dort schenken sie vor allem Freunden und Bekannten bzw. deren öffentlich geäußerten Erfahrungsberichten das größte Vertrauen (vgl. Wampfler 2018, S. 13). Ein Social-Media-Manager sollte mit der Definition und Erhebung von Kennzahlen betraut werden (vgl. Pein 2015, S. 42 ff.), um die Reputation der Universität Stettin stetig im Auge zu behalten. Nur so können zukünftige Social-Media-Inhalte noch spezifischer auf das Verhalten der Zielgruppe abgestimmt werden. Die Aufmerksamkeit junger Menschen auf das Studienangebot an der

Universität wird dadurch geweckt, sodass die Wahrscheinlichkeit einer Bewerbung steigt.

11.8 Literatur

BÄRMANN, F. (2012). Social Media im Personalmanagement: Facebook, Xing, Blogs, Mobile Recruiting und Co. erfolgreich einsetzen. Heidelberg u.a.: mitp.

BRUHN, M. & HADWICH, K. (2013). Dienstleistungsmanagement und Social Media: Potenziale, Strategien und Instrumente. Wiesbaden: Springer Gabler.

BUCHENAU, P. & FÜRTBAUER, D. (2015). Chefsache Social Media Marketing: Wie erfolgreiche Unternehmen schon heute den Markt der Zukunft bestimmen. Wiesbaden: Springer Gabler.

CIESIELSKI, M. A. & SCHUTZ, T. (2016). Digitale Führung: Wie die neuen Technologien unsere Zusammenarbeit wertvoller machen. Berlin, Heidelberg: Springer Gabler.

DECKER, A. (2019). Der Social-Media-Zyklus: Schritt für Schritt zum systematischen Social-Media-Management im Unternehmen. Wiesbaden: Springer Gabler.

FASSE, M. (2019). Instagram: Alle Funktionen, Tipps und Tricks. Berlin: Stiftung Warentest.

GERLOFF, J. (2015). Erfolgreich auf YouTube: Social-Media-Marketing mit Online-Videos. Heidelberg u.a.: mitp.

GEYER, H., EPHROSI, L. & MAGERHANS, A. (2017). Crashkurs Marketing: Grundlagen, Strategien, Konzepte. Freiburg: Haufe-Lexware.

GIESEN, T. (2012). Professionelles Facebook-Marketing: So geht's: Von der Idee bis zur Umsetzung. München: Carl Hanser.

HEINEMANN, G. (2017). Der neue Online-Handel: Geschäftsmodell und Kanalexzellenz im Digital Commerce. Wiesbaden: Springer Gabler.

HILKER, C. (2012). Social Media für Unternehmer: Wie man Xing, Twitter, YouTube und Co. erfolgreich im Business einsetzt. Wien: Linde.

HINTERHOLZER, T. (2013). Facebook, Twitter und Co. in Hotellerie und Gastronomie: Ein Handbuch für Praktiker. Berlin, Heidelberg: Springer Gabler.

HINTERHOLZER, T. & JOOSS, M. (2013). Social Media Marketing und -Management im Tourismus. Berlin, Heidelberg: Springer Gabler.

KREUTZER, R. T. (2014). Corporate Reputation Management in den sozialen Medien: Grundprinzipien zur erfolgreichen Einbindung von Social Media. Wiesbaden: Springer Gabler.

LAMBERTIN, J. & ZIEGLER, C.-N. (2013). Social Media und der ROI. Köln: O´Reilly.

MACK, D. & VILBERGER, D. (2015). Social Media für KMU: Der Leitfaden mit allen Grundlagen, Strategien und Instrumenten. Wiesbaden: Springer Gabler.

PEIN, V. (2015). Der Social-Media-Manager: Handbuch für Ausbildung und Beruf. Bonn: Rheinwerk Computing.

RECKENFELDERBÄUMER, M. & KIM, S.-S. (2006). Hochschulmarketing 2010 - Aktuelle Herausforderungen und Marketingansätze für deutsche Hochschulen. In: Kleinaltenkamp, M. (Hrsg.): Innovatives Dienstleistungsmarketing in Theorie und Praxis. Wiesbaden: Deutscher Universitäts-Verlag.

SCHRÖDER, N. (2013). Social Media Marketing für Hochschulen? In: Ceyp, M. & Scupin, J.-P. (Hrsg.): Erfolgreiches Social Media Marketing: Konzepte, Maßnahmen, Praxisbeispiele. Wiesbaden: Springer Gabler.

WAMPFLER, P. (2014). Generation »Social Media«: Wie digitale Kommunikation Leben, Beziehungen und Lernen Jugendlicher verändert. Göttingen: Vandenhoeck & Ruprecht.

WEINBERG, T. (2012). Social-Media-Marketing: Strategien für Twitter, Facebook & Co. Köln: O´Reilly.

ZARRELLA, D. (2010). Das Social Media Marketing Buch. Köln: O´Reilly.

12 Handlungsempfehlung III: Was macht eine Hochschule attraktiv? – Betrachtung von Verbesserungspotenzialen bezüglich der allgemeinen Hochschulattraktivität an der Universität Stettin

Ann-Katrin Braun

Im Folgenden soll die Steigerung der allgemeinen Hochschulattraktivität als ein Faktor zur Erhöhung der Studierendenquote an der Universität in Stettin betrachtet werden. Hierbei werden verschiedene Aspekte und deren Auswirkungen aufgezeigt sowie Handlungsempfehlungen zur Verbesserung der jeweiligen Punkte gegeben. Aufgeteilt werden diese nach den Bereichen Lage und Anbindung der Universität, Aufbau und Ausstattung der Universität, Campusleben sowie universitäre und weitere Angebote.

12.1 Lage und Anbindung der Universität

Ein in diesem Bereich wichtiger Aspekt ist die Lage der Universität an sich. Hierbei spielen beispielsweise die Zentralität, vorhandene Grünflächen oder das Einzugsgebiet eine entscheidende Rolle. Da sich in den meisten Fällen keine Möglichkeit bietet, die Lage der Universität zu verändern, ist es umso wichtiger, die anderen genannten Bereiche adäquat auszugestalten. Das Image der Universität und die Attraktivität der Stadt Stettin spielen bei etwa 40 % der Studierenden eine Rolle bei der Auswahl der Universität. Große Bedeutung können dem äußeren Erscheinungsbild der Universität sowie der Umgebung zugeschrieben werden. Hier kann über Modernisierungsmaßnahmen sowohl am Gebäude als auch am Campus eine große Verbesserung erreicht werden. Als gutes Beispiel kann das Anlegen von Grünflächen oder eines Parks angebracht werden.

Ein weiterer wichtiger Aspekt ist die Anbindung der Universität. Diese beeinflusst nicht nur die Attraktivität der Universität, sondern auch deren Einzugsgebiet. Weist die Universität eine gute Erreichbarkeit auf, sowohl mit öffentlichen Verkehrsmitteln als auch mit dem Auto, steigert dies deren Attraktivität und das Einzugsgebiet vergrößert sich ungemein. Dies ist sehr wichtig, da laut der durchgeführten Umfrage knapp 52 % der Studierenden die Universität Stettin aufgrund der Nähe zum Heimatort ausgewählt haben. Hierfür ist es sinnvoll, ausreichend Parkplätze anzubieten und beispielsweise mit den ansässigen Nahverkehrsunternehmen Vereinbarungen zu treffen, sodass die Erreichbarkeit der Universität durchgängig und in einer adäquaten Taktung gewährleistet wird. In diesem Zuge ist es ebenfalls wichtig, besondere Ausgestaltungen für die Studierenden zu tätigen, sodass diese auch die finanziellen Möglichkeiten haben, dieses Angebot zu nutzen. 52 % der befragten Studierenden ist dieses Thema wichtig.

Des Weiteren ist es wichtig, mit den zuständigen Institutionen dafür zu sorgen, dass ausreichend viele und bezahlbare Wohnungen für die Studierenden zur Verfügung stehen. Dies steigert die Attraktivität gegenüber Studierenden, welche aus größerer Entfernung stammen oder während des Studiums in einer eigenen Wohnung leben wollen. Auch dies vergrößert gleichzeitig das Einzugsgebiet der Universität.

12.2 Aufbau und Ausstattung der Universität

Einen weiteren wichtigen Punkt stellen der Aufbau und die Ausstattung der Universität dar. Hier soll zum einen die technische und zum anderen die räumliche Ausstattung thematisiert werden. Zu betrachten ist hier beispielsweise der übersichtliche Aufbau der Universität. Das bedeutet, dass alle Räume, Labore und weiteren Veranstaltungsräumlichkeiten gut erreichbar und leicht auffindbar sind.

Des Weiteren sollten ausreichend viele sanitäre Anlagen vorhanden sein. Zusätzlich hierzu ist es von Vorteil, wenn diese modern, ansprechend und sauber gestaltet sind. Immer wichtiger wird auch der Aspekt der Barrierefreiheit. Um Studierende mit Behinderung optimal in den universitären Alltag zu integrieren, ist es unerlässlich, barrierefreie Zugänge, Wege und für deren Bedürfnisse ausgestaltete Bereiche zu schaffen. Dies schließt beispielsweise auch die Installation eines Aufzuges ein.

Ein weiterer Punkt im Bereich des Aufbaus und der Ausstattung der Universität, ist die technische Ausstattung. Hierunter fallen die Installation und die adäquate Bereitstellung eines WLAN-Netzwerks, welches von den Studierenden überall auf dem Campus genutzt werden kann. Ebenso sollte darauf geachtet werden, dass die Vorlesungsräume modern und mit funktionsfähigen Geräten ausgestattet sind. Im besten Fall sollten diese technisch hochwertig und zeitgemäß sein – beispielsweise in Form von Whiteboards, Beamern oder Smartboards. Von Vorteil ist es ebenfalls, wenn in den Vorlesungsräumen verschiedene Medien bereitstehen, sodass nicht nur Frontalunterricht praktiziert werden muss. Denkbar wären hier Metapläne, Tafeln oder Flipcharts. So wäre es möglich, die Vorlesungen multimedial zu gestalten, Studierende miteinzubeziehen und diese aktiv in den Lernprozess zu integrieren.

Zusätzlich hierzu ist die Einrichtung von Laboren oder Bereichen, in denen das theoretisch Gelernte praktisch angewendet werden kann, sehr von Vorteil. Diese Verknüpfung von Theorie und Praxis ist sehr beliebt bei Studierenden und Unternehmen. 52 % der Studierenden empfinden die Praxiserfahrungen während des Studiums als unzureichend.

12.3 Das Campusleben

Im Bereich Campusleben werden allgemeine Punkte im Zusammenleben am Campus sowie spezielle Angebote für die Studierenden thematisiert. Wichtig für eine hohe Attraktivität der Universität ist der Wohlfühlfaktor am Campus. Hierfür wichtig sind eine ausgeprägte Diversität und keinerlei Platz für Diskriminierung. Dafür ist neben den Studierenden selbst auch die Universität durch die Schaffung entsprechender Rahmenbedingungen und Vorgaben verantwortlich. Beispielsweise können verschiedene Ämter, wie ein Gleichstellungsbeauftragte/r, eingerichtet oder interkulturelle Programme ins Leben gerufen werden. Hier sollen Ansprechpartner in Problemfällen sowie Möglichkeiten zum Austausch und gegenseitigen Verständnis der entsprechenden Personengruppen geboten werden. Um den allgemeinen Austausch und das gegenseitige Kennenlernen zwischen den Studierenden weiter zu verbessern, müssen ebenfalls verschiedenartige Angebote am Campus der Universität aufgebaut werden. Ein wichtiges Thema hierbei ist beispielsweise ein vielseitiges Sportprogramm. Die Umfrage zeigt, dass etwa 25 % der Studierenden dies begrüßen. Des Weiteren gibt es die Möglichkeit Projektgruppen zu verschiedenen Themen oder universitäre Seminare anzubieten. Letztlich können auch studentische Aktionen und Feiern einen positiven Effekt auf die Attraktivität der Universität haben. Etwa

60 % der befragten Studierenden geben hierbei an, dass sie Events und Feiern wichtig finden.

12.4 Universitäre und weitere Angebote

Als letzter Punkt kann der Ausbau von universitären sowie weiteren Angeboten an der Universität Stettin angeführt werden. Mit etwa 38 % spielt die Verfügbarkeit von Studentenjobs bei den befragten Studierenden eine wichtige Rolle in Bezug auf das Studium an einer Universität. Daher wäre es sehr wichtig, dass sowohl die Universität Stettin als auch die Stadt Stettin selbst für ein gutes Angebot an Studentenjobs sorgen. Möglich wären hierbei Kooperationen mit den ansässigen Unternehmen oder klassische Studentenjobs an der Universität selbst. Hier inbegriffen wäre auch der Punkt der fehlenden praktischen Tätigkeiten während des Studiums. Zum einen können die Studierenden hier erste berufliche Erfahrungen sammeln und zum anderen auch grundlegende Kontakte in die Arbeitswelt knüpfen. Für knapp 56 % der Befragten ist der Aufbau der Vermittlung von praktischen Inhalten ein Kriterium zur Akquirierung neuer Studierender und zur Steigerung der Attraktivität der Universität. Daraus ergibt sich ebenfalls die Notwendigkeit, dass schon während des Studiums neben der reinen Vermittlung von theoretischem Wissen auch ein stärkerer Fokus auf die Einbindung von praktischen Tätigkeiten gelegt wird. Möglich wäre dies über den Ausbau der bereits vorhandenen Labore, die Erweiterung der vorhandenen Angebote um bisher vernachlässigte Bereiche sowie die Einbindung umliegender Unternehmen, um dort praktische Erfahrungen zu sammeln. Ein weiterer beliebter Ansatz ist das Angebot von Auslandssemestern. Dieses System kann noch weiter ausgebaut und attraktiver gestaltet werden. Insgesamt steigern die beschriebenen Angebote sowohl die Attraktivität der Universität sowie des Studiums im Allgemeinen. Wichtig ist dies, da knapp 70 % der befragten Studierenden ein Studium an einer Universität bestreiten, um ihre Karrierechancen zu verbessern.

Weitere, nicht direkt mit dem Inhalt oder der Organisation des Studiums verbundene, Aspekte zur Steigerung der Attraktivität der Universität Stettin sind im Folgenden kurz dargestellt. Hierunter fallen die Bereitstellung von genügend Plätzen sowohl in den Vorlesungsräumen als auch anderweitig, um zu lernen; eine gute Belüftung der Vorlesungsräume, Tageslicht und bestenfalls eine Klimaanlage sowie eine gut ausgestattete Bibliothek, in der passende Fachliteratur gefunden werden kann und in ausreichender Menge vorhanden ist. Als letzter Punkt kann das Vorhandensein einer Cafeteria bzw. einer Kantine angebracht werden.

Wichtig hierbei ist das Angebot, die Öffnungszeiten sowie die Qualität und Vielfältigkeit der angebotenen Speisen und Getränke.

12.5 Fazit

Im vorliegenden Kapitel wurden allgemeine Trends und Aspekte zur Steigerung der Attraktivität der Universität Stettin betrachtet. Schlussendlich kann gesagt werden, dass es vielfältige Möglichkeiten gibt, einen positiven Einfluss auf die Studierendenquote der Universität zu nehmen. Diese variieren von den „hard facts", wie der Lage und Anbindung, aber auch dem Aufbau sowie der Ausstattung der Universität, bis hin zu den „soft facts", welche das Campusleben und weitere Angebote der Universität betreffen. Allgemein kann festgestellt werden, dass durch jegliche Optimierung in diesen Bereichen eine gewisse Steigerung der Attraktivität der Universität Stettin bewirkt und somit die Wahrscheinlichkeit einer Bewerbung und letztendlich ein Anstieg der Studierendenquote erreicht werden kann.

13 Handlungsempfehlung IV: Alumni-Management – Persönlicher Kontakt zu Interessenten

Aileen Burger

Die hier dargelegte Ausführung des Alumni Managements soll einen Einblick darin geben, wie die Universität Stettin den persönlichen Kontakt der Studieninteressierten mit den Alumni gestalten kann. Der Betrachtungsgegenstand ist die Universität Stettin und in detaillierterer Betrachtung die Fakultät für Management und Dienstleistungsökonomie. Trotz der nahezu Vollbeschäftigung in Polen und dem gesteigerten Interesse von Studieninteressierten hat die Universität Stettin rückläufige Studierendenzahlen. Waren es im Jahr 2014 noch 16.329 Studierende an der Universität, so sind die Studierendenzahlen über die Jahre auf 12.774 Studierende im Jahr 2017 zurückgegangen (vgl. Anhang 1, Abschnitt 16.1). Dieser Rückgang ist von mehreren Aspekten abhängig, wobei sich diese Ausarbeitung auf den verstärkten Wettbewerb unter den Hochschulen konzentriert, welche auch aufgrund der Nähe zur Grenze den Wettbewerb mit deutschen Universitäten miteinschließt.

Die Fakultät für Management und Dienstleistungsökonomie hat wegen der schwankenden Zahl an Studienanfängern für den Studienbeginn im Oktober 2018 mehrere Aktionen erarbeitet. Durch diese Aktionen konnte die Fakultät die Zahl der Studienanfänger von 2017 zu 2018 um 8,56 % steigern. Es wurden hierfür Schulbesuche und Vorlesungen für Schüler organisiert, sowie vermehrt über Facebook für die Fakultät geworben (vgl. Anhang 1, Abschnitt 16.1). An diesen bereits erarbeiteten Aktionen zur Generierung von Studieninteressierten kann ein Alumni-Management anknüpfen und einen Wettbewerbsvorteil gegenüber der Konkurrenz erarbeiten.

Um diesen Vorteil generieren zu können, muss zu Beginn ein professionelles Alumni-Management für die Universität Stettin und deren Fakultäten definiert werden. Nach der Definition des Managements können die Aktionen für die Alumni genauer ausdifferenziert werden. Hierzu müssen die Verantwortlichen die Zielerwartungen auswerten und definieren, welche Alumni am besten für die Akquise der Studienanfänger geeignet sind.

13.1 Wie kann ein gelungenes Alumni-Management aufgebaut sein?

Um einen geeigneten Aufbau des Alumni-Managements erarbeiten zu können, muss zuerst differenziert werden, wer als Alumni spezifiziert wird. Hier werden diejenigen als Alumni definiert, welche ehemals an der Universität Stettin studierten; unabhängig davon, ob sie einen Abschluss erworben oder das Studium abgebrochen haben (vgl. Rohlmann 2011, S. 11). Ehemalige können somit zum Zeitpunkt des formalen Austritts aus der Universität Stettin einer Alumni Organisation beitreten (vgl. Schwägerl 2016, S. 19). Somit sind die Studierenden eine perspektivische Zielgruppe, welche als zukünftige Ehemalige bereits während des Studiums auf solch eine Organisation aufmerksam gemacht und gewonnen werden können (vgl. Weinmann 2007, S. 30). Bedenken müssen die Verantwortlichen, dass nicht jeder Ehemalige an einer fortlaufenden Verbindung mit der Universität interessiert ist. Durch ein geeignetes Bindungsmanagement kann sie dazu beitragen, dass Studierende eine starke Loyalität zu ihrer Fakultät ausbilden, welche als Grundlage zum Beitritt als Alumni dient (vgl. Rohlmann 2011, S. 13 nach McClintock 2009).

„Alumni are a unique, select, and continuing source of support that is one of the most valuable resources any institution has" (Taylor & Massy 1996, S. 72). Diese Aussage veranschaulicht, dass Ehemalige ein enormes Potenzial für die Universität darstellen und dass ihnen als Ressource eine weitreichende Bedeutung zukommt. Ehemalige gewinnen nicht nur wegen ihrer steigenden Anzahl, sondern auch in strategischer Hinsicht an Bedeutung (vgl. Melchiori 1988, S. 51). Sie werden durch ihre Positionen in der Gesellschaft immer mehr zu Entscheidungsträgern und einflussreichen Persönlichkeiten in Wirtschaft, Politik und Wissenschaft (vgl. Haslinger & Signitzer 1995, S. 22).

Damit diese Ressource in der Universität Stettin richtig eingesetzt werden kann, muss ein effizientes Management implementiert werden. Dieses kann entweder zentral in der Universität, dezentral in einer eigenständigen Vereinigung oder als Kombination aus beiden Formen organisiert sein. Da die Universität Stettin keinerlei Instrumente für das Alumni-Management implementiert hat, ist es für den Aufbau eines Netzwerkes am vorteilhaftesten, dies zentral in der Universität an das Hochschulmarketing zu koppeln (vgl. Becker 2009, S. 21 f.). Bei einer solch zentral implementierten Vereinigung kann die Universität in Ruhe eine institutionalisierte, hochschulweite und fachübergreifende Betreuung der Alumni anstreben und so gemeinsame Fakultätsangebote koordinieren und die finanziellen Mittel effektiv einteilen (vgl. Becker 2009, S. 22 nach Zech 2002, S. 37). Nach der erfolgreichen Implementation kann die Universität Stettin überlegen, ob dezentrale Vereinigungen an den Fakultäten eingerichtet werden, welche die fachspezifischen Interessen der einzelnen Fakultäten stärker in den Vordergrund stellen können. Dies ist dahingehend sinnvoll, dass die einzelnen Absolventen der jeweiligen Fakultäten eine höhere emotionale Verbundenheit zu ihren Fachrichtungen haben und sich mit dieser besser identifizieren, als mit der Universität an sich (vgl. Becker 2009, S. 21 ff.). Die dezentralen Organisationen der Fakultäten können gemeinsam einen großen Kooperationsverbund mit dem zentralen Management eingehen. Dadurch werden dezentrale, personenbezogene Aktivitäten mit starkem persönlichem Kontakt angestrebt (vgl. Klumpp et al. 2004, S. 4). Dieser Verbund sollte eine ähnliche Struktur wie eine Non-Profit-Organisation mit mehrdimensionalem Zielsystem und qualitativen Komponenten haben, welche das Alumni-Management organisiert. Man kann auch andere Organisationsformen nutzen, wobei man immer das zentrale Ziel der Orientierung an den Kundenbedürfnissen priorisieren sollte, da sich diese voneinander unterscheiden und sie abgestimmt werden müssen (vgl. Horak & Heimerl 2002, S. 193). Man sollte dazu die Gewohnheiten der Zielgruppe kennen und wissen, welche Technologien und Kommunikationswege von ihnen präferiert werden. Mit Hilfe dieser Daten muss ein Marketingmix langfristig geplant und eingesetzt werden, welcher anhand klarer und strategischer Ziele definiert wird (vgl. Borgwardt 2012, S. 20 f.). Die Verantwortlichen der Universität brauchen daher eine betriebswirtschaftliche Ausbildung, damit das Management zielorientiert ausgerichtet wird und man die Universität durch das übergeordnete Handeln als Marke definieren kann (vgl. Rohlmann 2011, S. 231 f.). Durch diese umfassende und konstante Markenstrategie, welche ein einheitliches Erscheinungsbild in Forschung, Lehre, Weiterbildung und der Alumni-Arbeit aufweist, wird ein einheitliches Profil der Marke zur eindeutigen Identifikation der Leistungen erzielt. Dies trägt dazu bei, dass die Präferenzen der Studieninteressierten sich in der Marke widerspiegeln, was zur Differenzierung gegenüber Wettbewerbern hilft. Dies erhöht gleichzeitig den Bekanntheitsgrad und steigert die Reputation der Universität, an welcher auch die Alumni interessiert sind, da der Wert der erfolgreichen Abschlüsse bedeutend vom Ruf der Universität abhängt. Anhand erarbeiteter Leitbilder zur Bildung von Grundsätzen und Verhaltensanpassungen bildet die Universität Stettin eine umfassende Corporate Identity aus, welche zu einheitlichem Verhalten, Erscheinungsbild und Kommunikation führt (vgl. Becker 2009, S. 24).

Die Kommunikationswege zwischen den Alumni und der Universität müssen dafür genau ausgearbeitet und an die Verhaltensweisen dieser Bezugsgruppe angepasst sein. Eine gute Grundlage wäre eine in die Homepage der Universität Stettin integrierte Kommunikationsplattform. Diese Plattform bietet genügend sozialen Raum für eine Alumni-Community, in welcher die Ehemaligen mit anderen Absolventen oder Universitätsangehörigen in Kontakt treten könnten. Als weiteren Nutzen für die Absolventen könnte die Universität Stettin den Alumni eine eigene Mailadresse generieren, die sie nach Studienabschluss weiterhin uneingeschränkt nutzen könnten. Darüber hinaus wäre diese Plattform dazu nutzbar, Veranstaltungen der einzelnen Fakultäten oder der gesamten Universität zu planen (vgl. Schwägerl 2016, S. 11 ff.).

Für die Akquise neuer Studienanfänger hat die Kommunikation nach außen einen großen Einfluss darauf, welche Vorgänge der universitären Arbeit an die Öffentlichkeit getragen werden. Mit gezielten Angeboten kann die gewünschte Reaktion der potenziell interessierten Studierenden ausgelöst werden, was den Nutzen für die Hochschule erhöht. Damit dies gelingt, muss sich die Universität Stettin gegenüber den konkurrierenden Universitäten in Polen und aber auch in Deutschland durch gezielte Differenzierung einen strategischen Wettbewerbsvorteil aufbauen. Bei der Differenzierung spielen sowohl die Alumni als auch die aktuell Studierenden eine Rolle, da diese das Bild der Universität durch deren gemachte Aussagen entscheidend prägen und beeinflussen (vgl. Becker 2009, S. 17).

Im Rahmen des Relationship-Managements werden Alumni in den Prozess der Leistungserbringung mit einbezogen. Zu Beginn informiert sich der Studienanfänger an Alumni-Veranstaltungen über das Studienangebot der Universität oder speziell der jeweiligen Fakultät. Hier muss eine intensive und maßgeschneiderte Kommunikationspolitik betrieben werden, damit der Interessent von dem Leistungsangebot der Universität überzeugt wird. In der angrenzenden Explorationsphase werden die Erwartungen des Interessenten mit dem Angebot der Universität abgeglichen. Bei erfolgreichem Abgleich und Einstieg in das Studium wird die Kommunikation der Parteien in der Ausweitungsphase vertieft. Diese Beziehungsvertiefung ist wichtig für die Commitmentphase, in welcher der Studienabschluss erreicht wird. Durch diese enge Verbindung zur Universität und ein erfolgreiches Beziehungsmarketing kann der Alumni bestenfalls in die Organisation aufgenommen werden. Um diese Motivation zu erhalten, müssen Folgeaktivitäten für die Alumni angeboten werden, damit es nicht zu einer Auflösung der Beziehung durch eine etwaige Interessenwandlung kommt (vgl. Ulrich & Voss 2010, S. 20 ff.).

13.2 Welche Schulungen/Trainings/Aktionen sollte es geben, um Alumni als Werbebotschafter einzusetzen?

Nachdem beim Aufbau des Managements vorwiegend die komplette Universität Stettin betrachtet wurde, sollen die Ausführungen der Schulungen auf die Fakultäten heruntergebrochen werden. Für diese Betrachtung werden zu Beginn eine mögliche Herangehensweise für Schulungen der Alumni zu Werbebotschaftern und im Anschluss die Angebote für die Akquise von Studieninteressierten der Fakultät für Management und Dienstleistungsökonomie herausgearbeitet.

Bevor auf die jeweiligen Angebote eingegangen werden kann, muss definiert werden, wie die Aktionen gestaltet werden müssen, damit es eine erfolgreiche Akquise der Studieninteressierten gibt. Bevor die einzelne Fakultät Angebote ausarbeiten kann, müssen die Bedürfnisse der Interessierten mit den Zielen der Organisation abgeglichen werden, um letztere so zu konzipieren, dass sich die Interessenten verstanden fühlen. Um die generierten Erwartungen erfüllen zu können, muss die Zufriedenheit der Studieninteressenten in den Mittelpunkt der Ausarbeitung gestellt werden (vgl. Borgwardt 2012, S. 19). Die Fakultäten erarbeiten bestenfalls passgenaue Informationen und Materialen, welche einen positiven Einfluss auf die Fakultätswahl der Studieninteressierten haben.

Damit die wichtigen Informationen richtig bei der Zielgruppe ankommen, muss die Fakultät Schulungen für die Alumni konzipieren, damit diese zu effizienten Werbebotschaftern werden. Diese Schulungen sollen ergebnis- und zielorientiert konzipiert werden, damit die Alumni wissen, wie sie am besten ihre eigene Motivation und Verbundenheit zu ihrem Fachgebiet gegenüber den Studieninteressierten vermitteln können. Es ist daher auch wichtig, dass sich die Werbebotschafter Feedback nach den Veranstaltungen einholen und die dadurch erlangten Erkenntnisse in den Prozess der „strategischen Planung" integrieren. Dazu sollte die jeweilige Fakultät Alumni als Instrument der Umweltbeobachtung betrachten, welche Veränderungen der Ansprüche und Nutzenkalküle der Interessenten während den Veranstaltungen erkennen. Durch diese Beobachtungen kann die Fakultät die Nutzenquote der Aktivitäten überprüfen (vgl. Schwägerl 2016, S. 3 ff.). Um einen möglichst großen Effekt zur Akquirierung zu erhalten, sollte eine angemessene und abgestimmte Anzahl an Aktivitäten geplant werden (vgl. Rohlmann 2011). Durch die Kommunikation der einzelnen Fakultäten ist es auch einfacher, eine „Corporate Communication" zu erzielen, um damit ein einheitliches Auftreten der einzelnen Vereinigungen zu gewährleisten. Mit den bereits erwähnten hochschulweiten Aktionen kann ein fachübergreifender Austausch gepflegt und eine gemeinsame und einheitliche Strategie verfolgt werden, welche einen positiven Effekt auf den Zuwachs der Studierendenzahl haben sollte. Durch diese Strategie werden eine einheitliche, gezielte Ansprache der Zielgruppen gewährleistet und die Erfolgschancen in der Alumni-Arbeit erhöht (vgl. Becker 2009, S. 21 f.).

Die Fakultät für Management und Dienstleistungsökonomie kann mit einem implementierten Alumni-Management bei den bereits im Jahr 2018 eingesetzten Aktionen zur Akquise einsteigen. Bei den Schulbesuchen in den Stettiner Schulen könnte die Fakultät gemischte Pärchen aus noch Studierenden und Alumni schicken, um eine möglichst große Informationsquelle bei Fragen der Schüler zu bilden. Des Weiteren könnten die Alumni den Schülern berichten, wie sie aufgrund der guten Reputation der Universität Stettin und den Kooperationen mit Unternehmen einen einfachen Einstieg in das Berufsleben hatten.

Eine weitere Möglichkeit, Alumni in die Akquise einzubeziehen, wäre, dass diese einen Wettbewerb für Studieninteressierte organisieren. Dieser Wettbewerb könnte gemeinsam mit einem Dozenten in den jeweiligen Laboren der Fachbereiche erfolgen. Die Alumni könnten den Interessierten zu Beginn wichtige Details erklären und ihnen von ihrem Arbeitsalltag im Unternehmen berichten. Man könnte den Studieninteressierten ein fachspezifisches Problem darstellen, welches sie in Gruppen anhand einer Unternehmenssimulation lösen müssten. Während der Bearbeitungszeit könnten die Alumni und der Dozent den Gruppen als „Unternehmensberater" Tipps und Hilfestellungen geben. Nach Beendigung des Wettbewerbs könnte man die einzelnen Lösungsansätze gemeinsam diskutieren und der Gewinnergruppe eine kleine Aufmerksamkeit zukommen lassen. Eine solche Veranstaltung ermöglicht den Studieninteressierten einen kleinen Einblick in die berufliche Praxis, welche bei der Entscheidungsfindung maßgeblich helfen kann. Dies ist gut zur Imagegestaltung der Universität, da solche Aktionen zeigen, dass die Fakultäten ihre Studierenden praxisorientiert auf das Berufsleben vorbereiten und sie nicht ausschließlich theoretisch ausbilden.

13.3 Welche Eigenschaften sollte ein authentischer Werbebotschafter mit sich bringen?

Um die Aktionen der Fakultät authentisch zu gestalten und die Marke Universität Stettin zu verkörpern, benötigt ein Alumni als Werbebotschafter besondere Eigenschaften. Vor der Auswahl der Eigenschaften eines authentischen Werbebotschafters muss klar sein, dass nicht alle Ehemaligen, die in eine Alumni Organisation eintreten, auch als Werbebotschafter fungieren möchten (vgl. Schwägerl 2016, S. 19).

Um jedoch möglichst viele Alumni als Werbebotschafter zu akquirieren, muss die Fakultät in der Commitmentphase des Relationship-Managements bei den Studierenden durch spezielle Veranstaltungen eine emotionale Verbundenheit zu ihrer Fakultät generieren (vgl. Becker 2009, S. 22). Ein wichtiger Faktor ist die Kommunikation der Universität mit den Alumni, damit die Ziele für die Werbebotschafter klar kommuniziert werden. Die Alumni können die Ziele der Organisation mit den eigenen abgleichen und eruieren, ob sie sich zutrauen, Studieninteressierte auf dem umkämpften Markt zu gewinnen. Dazu müssen die Werbebotschafter extrovertiert sein, auf die Menschen zugehen und beobachten können. Mit den Beobachtungen der Anspruchsänderung der Interessenten können die Aktionen evaluiert und angepasst werden. Wichtig ist auch, dass bereits während des Studiums die Unterstützungsbereitschaft gegenüber dem Markenmarketing der Universität Stettin generiert wird. Die meisten empfinden es als positiv, über die Hochschule zu sprechen, deren Inhalte in privaten Netzwerken zu teilen und die Spartenstrategien erfolgreich zu unterstützen. Jedoch brauchen die Alumni auch ihre eigene Plattform, um weiterhin in Kontakt und motiviert zu bleiben (vgl. Schwägerl 2016, S. 13). Daher benötigt man für das Management eine professionelle Beziehungspflege, mit deren Hilfe die Universität das komplette Erfolgspotential dieser Organisation ausschöpfen kann (vgl. Rohlmann & Wömpener 2009, S. 492). Diese „Netzwerke [sind] während des Studiums und nach dem Studium sowohl für die Hochschulen als auch für die Studierenden und Absolventen von Nutzen [...]" (Rohlmann 2011, S. 3 nach Hochschulrektorenkonferenz 1997, Absatz III). Mit ihrer Motivation sind Alumni Multiplikatoren, welche das Image der Hochschule in der Öffentlichkeit verbessern und positionieren können (vgl. Ewers 2001, S. 25).

13.4 Fazit

Abschließend kann festgehalten werden, dass ein auf die Universität zugeschnittenes Alumni-Management einen Wettbewerbsvorteil gegenüber der Konkurrenz generiert. Dazu werden von den Fakultäten verschiedene Veranstaltungen konzipiert, an welchen die Alumni als Werbebotschafter das Interesse der Studieninteressierten für die Universität Stettin wecken. Damit dies zielorientiert gelingt, werden die Alumni strategisch ausgebildet, um die Erwartungshaltungen der Zielgruppe zu erkennen und die Marke Universität Stettin nach außen zu vertreten. Anhand dieser Ausrichtung des Managements erhöhen die einzelnen Fakultäten die Wahrscheinlichkeit, dass sich unentschlossene Studieninteressierten durch die Ausführungen der Alumni „fesseln" lassen und ein Studium an der Universität anstreben.

13.5 Literatur

BECKER, J. (2009). Alumni-Vereinigungen von Universitäten als lohnenswertes Mittel der Kommunikationspolitik, Dissertation. Hamburg: Diplomica.

BORGWARDT, A. (2012). Auf dem Weg zur globalen Hochschule – Internationales Marketing für Morgen. Bielefeld: W. Bertelsmann.

EWERS, H.-J. (2001). Alumni-Arbeit braucht Kooperation und Konkurrenz. Alumni Netzwerke Strategien der Absolventenarbeit an Hochschulen, Dokumentation des Symposiums „Die Entdeckung der Alumni", S. 24-36.

HASLINGER, M. & SIGNITZER, B. (1995). Die Absolventen als eine zentrale Zielgruppe strategischer Universitäts-Public Relations. Salzburg.

HOCHSCHULREKTORENKONFERENZ (1997). Zur Rolle der Absolventenvereinigungen, Stellungnahme des 183. Plenums vom 10. November 1997.

HORAK, C. & HEIMERL, P. (2002). Management von NPOs – Eine Einführung. In: Badelt, C. (Hrsg.): Handbuch der Nonprofit Organisation: Strukturen und Management (S. 181-195). Stuttgart: Schäffer-Poeschel.

KLUMPP, M., LENK, T. & VONESCH, P. (2004). Zentrale und dezentrale Aufgabenverteilung in der Alumni-Arbeit, Leitfaden Nr. 1 Alumni-Arbeit an Hochschulen.

MCCLINTOCK, B. R. (2009). Cultivating your crop. *Currents, 35* (6), 44-47.

MELCHIORI, G. S. (1988). Alumni Research: Methods and Applications. San Francisco: Jossey-Bass.

ROHLMANN, A. (2011). Professionelles Alumni-Management im deutschen Hochschulsektor: Status quo, Einflussfaktoren und Perspektiven. Hamburg: Verlag Dr. Kovac.

ROHLMANN, A. & WÖMPENER, A. (2009). Alumni Relationship Management als Erfolgsfaktor im Wettbewerb der Hochschulen. *Zeitschrift für Betriebswirtschaftslehre, 4*: S. 473-501.

SCHWÄGERL, C. (2016). Alumni-Netzwerke von Unternehmen. Wiesbaden: Springer Gabler.

TAYLOR, B. E. & MASSY, W. F. (1996). Strategic Indicators for Higher Education. Princeton, NY: Peterson's.

ULRICH, G. & VOSS, R. (2010). Hochschul Relationship Marketing. Köln: Josel Eul.

WEINMANN, D. (2007). Student Relationship Management-Grundlagen und ein Systementwurf nach ARIS für ein Studierendebeziehungsmanagement an deutschen Hochschulen, Dissertation. Heidelberg.

14 Handlungsempfehlung V: „Live vor Ort“ – Messebesuche als Erfolgsgeheimnis

Sophia Geyersbach

14.1 Einleitung

Für die meisten Unternehmen gehört die Teilnahme an Messeveranstaltungen zu einem guten Marketingkonzept. Als Bestandteil des Marketing-Mix werden Messen gerne und sehr erfolgreich als zentrales Instrument der Kommunikationspolitik eingesetzt. Es werden Kontakte geknüpft, Verkaufsabschlüsse erzielt und das Unternehmensimage gestärkt. Warum sollten nicht auch Universitäten von diesen positiven Effekten der Messeteilnahmen profitieren und diese in deren Marketingkonzept integrieren? Im Folgenden wird diesem Gedanken folgend betrachtet, wie Universitäten generell und die Universität Stettin im Besonderen Messeteilnahmen nutzen können, um auf deren „Produkt“, nämlich die Bildung, aufmerksam zu machen und damit gleichzeitig das Interesse junger Menschen an einem Studium zu wecken und rückläufigen Studierendenzahlen entgegenzuwirken. Zu Beginn wird ein Verständnis dafür geschaffen, welchem Ziel Messen generell folgen und welcher konkrete Nutzen hierdurch erzielt wird. Im Anschluss daran wird herausgearbeitet, was die zentralen Erfolgsfaktoren von Messeteilnahmen sind und wie diese umgesetzt werden können.

14.2 Ziele und Nutzen von Messeteilnahmen

Primäre Zielsetzung einer Messe ist es, das Leistungsspektrum des Ausstellers zu präsentieren, neue Zielgruppen zu erschließen und/oder das Verbreitungsgebiet zu erweitern (vgl. Clausen 2010, S. 9). Die Messe als Instrument der Kommunikationspolitik hebt sich insbesondere durch die persönliche Ansprache von anderen Kommunikationsinstrumenten ab. Es entsteht ein direkter und persönlicher Kontakt zwischen Anbieter und Nachfrager, welcher von beiden Seiten sehr geschätzt wird. Seitens des Anbieters ergibt sich die Möglichkeit direkt, umfangreich und qualitativ über dessen Leistungsspektrum zu informieren. Seitens der Interessenten besteht auch in Zeiten der Digitalisierung oftmals weiterhin der Wunsch des persönlichen Kontakts als Informationsquelle, der durch Messen vollumfänglich befriedigt wird. Zudem ist bei anderen Kommunikationsinstrumenten, wie bspw. Flyer und Anzeigen, häufig ein enormer Streuverlust gegeben, welcher durch die direkte Ansprache auf Messen zugunsten des Anbieters minimiert werden kann. Hinzu kommt, dass auf Messen eine große Anzahl an Wettbewerbern vertreten ist, wodurch sich die Möglichkeit, aber auch die Herausforderung ergibt, sich von anderen abzuheben. Für die Interessenten ist so ein hoher Grad an Transparenz geboten, welcher für deren Entscheidungsfindung von großer Relevanz ist.

Zusammenfassend dienen Messen demnach dafür, dass die Aussteller über deren (Bildungs-)Angebote informieren, auf sich aufmerksam machen und Interesse wecken können, um damit eine Steigerung des Bekanntheitsgrades sowie eine Imagesteigerung und eine positive Differenzierung zu weiteren Anbietern herbeizuführen. Folglich kann so der Grundstein dafür gelegt werden, dass die Anzahl der „Neukunden" signifikant gesteigert wird.

Die im Rahmen dieser Arbeit durchgeführte Befragung hat ergeben, dass nur 4,17 % der Studierenden der Universität Stettin durch Infoveranstaltungen, zu denen im weiteren Sinne Messen hinzuzuzählen sind, auf die Universität aufmerksam geworden sind. Dieser Wert verdeutlicht, dass dieser Bereich durch die Universität Stettin bisher vernachlässigt wird. Im Folgenden soll daher aufgezeigt werden wie Messeteilnahmen erfolgreich etabliert und umgesetzt werden können.

14.3 Erfolgsfaktoren von Messteilnahmen

Grundvoraussetzung für eine erfolgreiche Messteilnahme ist es, „auf der ‚richtigen' Messe […] mit einem attraktiven Angebot und einer überzeugenden Unternehmenspräsentation vertreten zu sein" (Arnold 2008, S. 9). Wie sich die „richtige" Messe auswählen lässt, das Angebot attraktiv dargestellt und die Institution gut präsentiert werden kann, soll im Folgenden näher erläutert werden.

14.4 Auswahl der richtigen Messe

Die Auswahl der richtigen Messe ist ausschlaggebend für den gesamten Messeerfolg. Wird eine Messe gewählt, die bspw. nicht die richtige Zielgruppe anspricht oder nicht im idealen Einzugsgebiet liegt, sind schnell alle Kosten und Mühen umsonst investiert. Aufgrund dessen muss im Vorhinein genau geprüft werden, ob die in Betracht gezogenen Messen geeignet sind, um die gesteckten Ziele zu erreichen. Dafür gilt es, einige Faktoren zu betrachten und sich insbesondere folgende Fragen zu stellen:

- Passt die thematische Ausrichtung der Messe zum eigenen Angebot?
- Welche Zielgruppe soll angesprochen werden und ist diese in der richtigen Anzahl dort zu erwarten?
- Liegt die Messe im passenden Einzugsgebiet?
- Wie hoch ist die Anzahl der Aussteller und damit der Wettbewerber?
- Welche Kosten sind zu erwarten?

Ziel muss es also sein, herauszufinden, auf welcher Messe die zuvor dargestellten Ziele am effizientesten zu erreichen sind, um damit schließlich Kosten und Nutzen miteinander in Einklang zu bringen. Denn auch Bildungseinrichtungen müssen schlussendlich wirtschaftlich agieren.

Im Hinblick auf die Universität Stettin ist bei der Messeauswahl die Besonderheit zu beachten, dass diese durch Ihre Nähe zur deutschen Grenze in unmittelbarer und starker Konkurrenz zu deutschen Universtäten steht. Hinzu kommt die stetig zunehmende Mobilität junger Menschen innerhalb Europas, weshalb eine reine Konzentration auf inländische Messeangebote zu kurz gegriffen ist. Die Untersuchungen der Messeangebote sollten daher unbedingt auch einen internationalen Fokus aufweisen.

14.5 Vorbereitung und Planung

Nachdem die richtige Messe eruiert wurde, beginnt die Phase der Vorbereitung und Planung, welche ebenfalls von großer Bedeutung ist. Eine Messeteilnahme muss, um den großmöglichsten Nutzen auszuschöpfen, organisatorisch optimal vorbereitet werden. Im Fokus der Vorbereitungen und Planungen stehen dabei die Standgestaltung, das Standpersonal, die Werbung und Öffentlichkeitsarbeit im Vorhinein sowie die Budgetierung und ständige Kostenkontrolle.

Der Messestand ist das Aushängeschild der Institution sowie der angebotenen Leistungen und stellt damit ein wichtiges Kommunikationsmittel dar. Primäres Ziel der Standgestaltung muss daher sein, dass dieser sich von anderen abhebt, Aufmerksamkeit und Neugierde weckt sowie einen Wiedererkennungswert aufweist. Wichtig ist es demnach, den Stand stets im Sinne der eigenen Corporate Identity zu gestalten. Es ist an dieser Stelle sinnvoll, professionelle Unterstützung durch einen Messebauer heranzuziehen, der diese Ansprüche zielgerichtet umsetzt. Diese Entscheidung ist jedoch stark abhängig von den gegebenen finanziellen Mitteln sowie von der Größe der Messe und des Standplatzes. Erfolgsentscheidend ist neben der reinen Gestaltung des Standes auch der Standort dessen. Je nach Gegebenheiten und Einflussmöglichkeiten ist sicherzustellen, dass sich der Stand optimaler Weise an den Hauptwegen und in Laufrichtung der Räumlichkeiten befindet und von allen Seiten gut zugänglich ist, um so möglichst viele Messebesucher am Stand vorbeizuleiten und Eintrittshemmnisse zu minimieren.

Die Tatsache, dass es sich bei Bildungsangeboten um immaterielle Dienstleistungen handelt, stellt eine besondere Herausforderung dar, da kein greifbares Produkt ausgestellt werden kann. Aufgrund dessen gewinnt in diesem Kontext das Standpersonal an besonderer Bedeutung. Mit dem Standpersonal steht und fällt demnach der gesamte Messeerfolg, denn das Personal ist es, welches die Interessenten durch ein kompetentes, professionelles und authentisches Auftreten von den Leistungen der Institutionen überzeugen muss. Der Stand lockt – das Personal begeistert. Aufgrund dessen ist es zwingend erforderlich, dass vor Beginn der eigentlichen Messephase eine umfassende Qualifizierung des Personals hinsichtlich Fachwissen über das Leistungsangebot und Präsentationskompetenz erfolgt. Es muss sich zudem die Frage gestellt werden, welche Art von Personal eingesetzt werden soll. Für Universitäten ist es zu empfehlen, alle Akteure des universitären Alltags auf der Messe zu platzieren; d. h. sowohl Professoren und Dozenten als auch Studierende und Alumni. So können die Messebesucher von unterschiedlichsten Blickwinkeln Informationen über die Universität erhalten. Insbesondere die Studierende oder die Alumni können durch eine attraktive Vergütung oder sonstige Benefits zur aktiven Mitwirkung motiviert werden. Alle weiteren Informationen zum Thema Alumni-Management wurden bereits in Kapitel 13 ausführlich dargestellt.

Der Veranstalter der Messe wirbt im Vorhinein in Eigenregie für die Veranstaltung an sich, um eine möglichst hohe Besucherzahl zu generieren. Dieser wirbt allerdings nicht für die Aussteller, weshalb diese selbst durch Marketing und Öffentlichkeitsarbeit aktiv werden und über deren Messeteilnahme informieren müssen. Zu den Maßnahmen hierzu gehören das Verteilen von Flyern und Plakaten, die Veröffentlichung von Anzeigen in Printmedien und/oder über die eigene Homepage sowie die Nutzung von Social-Media-Kanälen.

Die genannten Aspekte und insbesondere deren Organisation und Koordination sind mit einem enormen Aufwand verbunden und generieren erhebliche Kosten. Aufgrund dessen ist es zwingend erforderlich, zu Beginn des Vorhabens ein konkretes Budget zu definieren, welches es einzuhalten gilt. Im Rahmen eines Projektteams, welches für die gesamte Messeabwicklung erforderlich ist und in welchem jeweils mindestens eine Person für einen der genannten Aspekte zuständig sein sollte, muss auch für den Bereich der Kostenüberwachung eine Person definiert werden, welche diese unter ständiger Kontrolle hält und überwacht. Ansonsten besteht die Gefahr, dass die Kosten schlussendlich höher sind als der eigentliche Nutzen der Messeteilnahme.

14.6 Messephase

Mit einer optimalen und durchdachten Vorbereitung und Organisation ist eine wichtige Grundlage für eine erfolgreiche Messteilnahme gelegt. Die eigentliche Performance, die ebenfalls über Erfolg oder Misserfolg entscheidet, findet jedoch an den Messetagen selbst statt. Wie bereits zuvor erläutert, ist hier vor allem das Standpersonal entscheidend. Es zeigt sich, wie erfolgreich die vorbereitenden Schulungsmaßnahmen waren. Wichtigste Aktivität des Standpersonals ist es, aktiv auf die Messeteilnehmer zuzugehen, um einen direkten Kontakt herzustellen. Anschließend muss eine kompetente Beratung über alle Bildungsangebote der Universität erfolgen. In den Vordergrund sind hierbei auch jederzeit die Alleinstellungsmerkmale der Universität zu stellen, die die Universität als besonders attraktiv erscheinen lassen – bspw. eine besonders gute Ausstattung der Räumlichkeiten, Sportprogramme, Events, Ausstattung der Bibliothek o. Ä.

Um Interessenten an den Stand zu locken, können attraktive Werbemittel ausgegeben oder Gewinnspiele angeboten werden. Die Gewinnspiele können so ausgestaltet werden, dass sie später zur Evaluation des

Messeerfolges herangezogen werden können. Beispielsweise ist es möglich, dass die Besucher eine kurze Befragung über die Wahrnehmung des Messeauftritts durchführen sollen, um so am Gewinnspiel teilnehmen zu können.

Um eine gleichbleibende Besucherfrequenz am Messestand zu gewährleisten und somit auch außerhalb von Stoßzeiten immer Besucher am Stand zu halten, ist es darüber hinaus zu empfehlen, regelmäßige Vorträge anzubieten. So kann beispielsweise jeweils ein Vortrag der unterschiedlichen Akteure aus dem universitären Alltag organisiert werden. Ein konkretes Beispiel lautet: Ein Alumni berichtet, welche Karrierechancen ihm die Universität geschaffen hat, wie er diese genutzt und was er bis heute erreicht hat.

All diese Aktivitäten können festgehalten und über die Social-Media-Kanäle der Universität, wie in Kapitel 11 detailliert erläutert, publiziert und verbreitet werden. So gelingt es, im Sinne eines ganzheitlichen Marketingkonzeptes mehrere Bildungsmarketingmaßnahmen an einem Ort zusammenzubringen: Die Messe als direkte und persönliche Ansprache, die Beteiligung der eigenen Studierenden am Messeauftritt zur Steigerung der Zufriedenheit und Verbundenheit derer mit der Universität, die Vorträge als Bestandteil eines Alumni-Managements sowie die Nutzung der Social-Media-Kanäle zur gleichzeitigten Ansprache weiterer junger Menschen, die nicht vor Ort sind.

14.7 Fazit

Im vorliegenden Kapitel wurde aufgezeigt, wie Messen als erfolgreiches Instrument des Bildungsmarketings eingesetzt werden können. Zugleich wurde deutlich, dass Messeteilnahmen ein sehr aufwändiges und kostenintensives Instrument darstellen, die nur bei durchdachter Organisation und Durchführung den gewünschten Erfolg zeigen. Hinzu kommt, dass dieser Erfolg nur sehr schwer messbar gemacht werden kann. Zwar können steigende Studierendenquoten als Indikator herangezogen werden, jedoch ist aufgrund meist parallel stattfindender Marketingmaßnahmen eine eindeutige Zuordnung nicht möglich. Dennoch sollten Messen aufgrund der aufgezeigten Chancen stets Bestandteil eines ganzheitlichen Marketingkonzepts sein.

14.8 Literatur

ARNOLD, D. (2008). Messepraxis: Die professionelle Unternehmenspräsentation auf Messen und Ausstellungen. Frankfurt a. M.: Deutscher Fachverlag.

CLAUSEN, E. (2010). Messemarketing: So führen Sie Messen zum Erfolg. Göttingen: BusinessVillage.

15 Handlungsempfehlung VI: Ein Hochschulevent – Potenziell Studierende für die Universität Stettin gewinnen

Bettina Holzwarth

Ein gut gestaltetes und informatives Hochschulevent oder ein Studieninformationstag ist eine weitere Handlungsempfehlung für die Universität Stettin. Durch eine solche Veranstaltung lassen sich Faktoren wie Bekanntheit und Attraktivität erheblich steigern. Laut der Umfrage haben sich 68,75 % der Befragten für ein Studium an der Universität entschlossen, da sie dadurch bessere Karrierechancen erwarten. Auf die Vorstellung der besseren Karrierechancen muss man besonders bei einem Event oder an einem Informationstag eingehen.

15.1 Die Terminfindung

Die Terminfindung eines Hochschulevents oder Studieninformationstages ist schwierig und muss von Beginn an genauestens geplant werden. Zum einen muss der Terminkalender der Hochschule mit den Ferienterminen der umliegenden Schulen übereinstimmen und zum anderen ist die Frage nach dem Wochentag wichtig. Der Samstag stellt sich als ein sehr passender Tag heraus, da dadurch ein ganzer Tag unabhängig von den Schulzeiten der Schüler für die Veranstaltung genutzt werden kann. Des Weiteren muss die Jahreszeit berücksichtigt werden. Es macht wenig Sinn, ein Event kurz vor die Abschlussprüfungstage der Schulabgänger zu setzen, da diese den größten Anteil der Zielgruppe ausmachen und so nicht kommen würden. Hierbei wäre der Herbst oder der Winter ein geeigneter Zeitraum, um ein solches Event durchzuführen.

15.2 Die Bekanntmachung

Bevor ein Event stattfinden kann, benötigt es eine gute und intensive Kommunikation und Publikation über verschiedene Informationskanäle. Möglichkeiten wie Flyer, Radiowerbung, Zeitungsartikel, Plakate z. B. in Bussen, der U-Bahn oder in großen Einkaufszentren, wie auch auf Social-Media-Plattformen wie Facebook oder Instagram, und auf der Schulhomepage, müssen für die Bekanntmachung genutzt werden, um an die Zielgruppe herantreten zu können. Weiterhin sind die Studierenden selbst Informationsträger und sollen den Tag des Events an Freunde und/oder Bekannte weitergeben. Laut der Umfrage, mit 62,50 %, wurden die Studierenden hauptsächlich durch ihre Familie oder ihre Freunde auf die Universität Stettin aufmerksam. Des Weiteren wurden 47,92 % der Befragten durch Social Media oder Internetauftritte auf die Universität aufmerksam. Daran erkennt man gut, dass diese zwei Quellen sich als sehr effektiv zeigen und auch für die Werbung des Informationstages genutzt werden sollten. Die Ansprache der Schulabgänger im letzten Jahr ist ebenfalls besonders wichtig. Diese können über einen persönlichen Besuch, falls dies möglich ist, von Vertretern der Hochschule vor Ort in der Schule über diesen Tag informiert werden. So wird das persönliche Interesse „auf mehr" geweckt und der erste persönliche Kontakt zwischen den Jugendlichen und der Hochschule wird geknüpft. Die ersten Fragen werden geklärt und so fungieren die Schulabgänger wieder als Informationskanal und geben die Information bezüglich des Events weiter. Ob diese Idee in der Realität personell gestemmt werden kann, ist fraglich, wäre aber ein guter Anfang.

15.3 Mobilität

Ein weiterer wichtiger Punkt ist, dass von vornherein das Thema Mobilität und Anbindung an diesem Tag geregelt sein muss. Die Interessierten müssen am Tag des Events ohne Probleme mithilfe von öffentlichen Verkehrsmitteln oder dem Auto zum Campus gelangen. Ausschreibungen der Busverbindung und Zeiten der Haltestelle vor Ort sind essenziell und helfen den Interessierten, einfach und schnell zum Campus der Hochschule zu gelangen. Gerade am Wochenende können eventuell die Zeiten von der regulären Fahrtzeit abweichen, was vielen nicht bewusst ist. Ebenfalls wird eine Anfahrtsbeschreibung für Autofahrer mit Parkmöglichkeiten auf dem Gelände sowie im Umkreis (vgl. Universität Basel (o. J.), o. S.) benötigt.

15.4 Das Programm

Sobald die ersten interessierten jungen Leute in die Universität Stettin kommen, bekommen diese jeweils eine „Welcome"-Tüte. Diese fungiert als weiteres Lockmittel und steigert das Ansehen und die Attraktivität der Universität. In dieser Tüte können je nach Bedarf und Budget diverse Dinge wie Blöcke, Kugelschreiber, Locher, Post-its, Süßigkeiten oder Werbegeschenke von Unternehmen sein. Durch diesen Anreiz werden sich mehr Jugendliche einfinden und sehen die Stettiner Universität im Vergleich zur Konkurrenz „mit anderen Augen".

Das angebotene Programm besitzt höchste Priorität. Dies ist entscheidend für die Bindung und das Interesse der Zielgruppe. Hierfür muss das Programm in einem Flyer festgehalten und kommuniziert werden. Das geschieht am besten über die Schulwebsite und über Flyer vor Ort in der Hochschule am Tag des Events. Zu Beginn der Veranstaltung stellen sich alle Professoren, die an diesem Tag kommen können, vor und der Rektor richtet einige Worte an die Besucher und begrüßt sie herzlich. Des Weiteren erklärt dieser kurz den Ablauf der Veranstaltung und benennt Ehrengäste bzw. Sponsoren des Eventtages. Ebenso wichtig ist, einen Informationsstand mit Professoren und Studenten aufzubauen, die den Interessierten für Fragen zur Verfügung stehen. Solch ein Informationsstand muss an verschiedenen Orten in der Hochschule platziert werden, um die größtmögliche Reichweite auszuschöpfen. So kann den potenziellen Studierenden auch je nach Fachbereich spezifische Informationen gegeben und Fragen beantwortet werden. Wichtige Fragen, die zu klären sind, sind z. B.:

- Welche Studiengänge gibt es?
- Wie lange dauert das Studium?
- Welche Zulassungsvoraussetzungen gibt es?
- Wie bewerbe ich mich?
- Bis wann muss ich mich bewerben?
- Kann ich auch im Ausland studieren?
  Wenn ja, welcher Studiengang, wo und wie lange?
- Wie finanziere ich mein Studium?
- Wo kann ich wohnen?
- Wie studentenfreundlich ist die Stadt Stettin?
- Was kann ich nach der Vorlesung alles im Umkreis unternehmen?
- Wie gut sind die Anbindungen?

- Gibt es auch Masterstudiengänge?
  Wenn ja, was muss ich hierfür tun?
- Welche Studienmöglichkeiten habe ich?
- Welche beruflichen Perspektiven habe ich nach dem Studium?

Um diese oder ähnliche Fragen bestmöglich beantworten und Informationen zum Studium und die einzelnen Fachrichtungen geben zu können, ist es wichtig, dass aktuelle Studierende und eventuell sogar ehemalige Studierende vor Ort anwesend sind und ihre Erfahrungen weitergeben können. Als Dankeschön für ihren Einsatz können diese einen Gutschein in einer angemessenen Preisklasse erhalten. Eventuell gibt es ehemalige Studierende, die nach dem Studium an der Universität in Stettin Karriere gemacht haben und einen kleinen Kurzvortrag über ihren Werdegang halten können – als Anreiz für die potenziellen Studierenden. So kann man den Schülern aufzeigen, wohin die Reise einmal gehen könnte (vgl. Universität Oldenburg (o. J.), o. S.). Des Weiteren ist es hilfreich, den Interessierten die Möglichkeit zu bieten, über einen Studium-Interessentest herauszufinden, welche Studienrichtung mit den Hobbies und Interessen der Studierenden zusammenpasst, um so das passende Angebot zu finden (vgl. Zeit Campus (o. J.), o. S.).

Von großem Vorteil wären Unternehmen, die als Sponsoren für das Event vor Ort fungieren und sich als potenzielle Arbeitgeber präsentieren. Somit können die Interessierten aber auch aktiv Studierendenkontakte mit Unternehmen aus der Region knüpfen und Praktika oder Ähnliches ausmachen. Allein 56,25 % der Befragten würden sich mehr Möglichkeiten für Praktikumsangebote an der Universität Stettin wünschen. Diesen Anlass kann man nutzen, um Kontakte zu Unternehmen für die Hochschule und Studierende zu gewinnen, damit erste Eindrücke aus dem Arbeitsleben gewonnen werden können. Nach dem Abschluss des Studiums können diese Kontakte genutzt werden und auch die Unternehmen profitieren von dieser Maßnahme. Mithilfe der Spenden der Sponsoren können weitreichende organisatorische Anschaffungen für das Hochschulevent getätigt werden.

Weiterhin sollten an diesem Tag Probevorlesungen stattfinden. Natürlich werden je nach Studiengangsrichtung passende und von einem interessanten Thema handelnde Vorlesungen zu verschiedenen Uhrzeiten in verschiedenen Sälen angeboten. Im Anschluss daran können dem Dozenten weitere Fragen gestellt werden, um das Gehörte zu vertiefen oder aufgekommene Unklarheiten zu eliminieren (vgl. Hochschule

Worms (o. J.), o. S.). In den interaktiven Räumen und Laboren, wie z. B. dem Lagerraum mit Gabelstaplersimulator und angrenzendem Büro, lassen sich hervorragend in kleinen Gruppen kurze Versuche durchführen und das Alltagsgeschäft im Handel simulieren. Die Interessierten können den Simulator des Gabelstaplers betätigen und einmal ausprobieren, wie es sich anfühlt, einen solchen zu fahren. Das ist gar nicht so einfach. Durch dieses Labor können die Studierenden unter besten Voraussetzungen lernen und sich auf ihre Zukunft im Berufsleben vorbereiten (vgl. Hochschule RheinMain (o. J.), o. S.).

Studenten, die sich an diesem Tag an ihrer Hochschule engagieren, begleiten die Interessierten auf einem Rundgang durch die Hochschule und kommen so auch mit ihnen in den Austausch. Es ist eine andere Atmosphäre, wenn ein Student etwa Gleichaltrige durch die Hochschule führt und ihnen alles zeigt. Die Besucher erhalten dadurch einen guten Eindruck von der Hochschule und lernen die ersten Wege und Räume kennen. So auch wichtige Aufenthaltsorte wie die Cafeteria oder Ähnlichem. Ebenso können sich Eltern an den Informationsständen oder im Austausch mit Professoren oder Studierenden über mögliche Finanzierungsmöglichkeiten im Studium unterhalten, bzw. ob und welche Finanzierungshilfen es gibt. Das Hochschulevent gibt den Eltern Sicherheit, da sie hier die Möglichkeit besitzen, alles zu erfragen und etwaige Unsicherheiten aus der Welt zu schaffen. Ebenso müssen Einzeltermine angeboten werden, die nach Terminabsprache mit Eltern oder auch potenziellen Studenten im Nachhinein ausgemacht werden können, um abschließende oder auch vertrauenswürdige Fragen und Anliegen zu klären (vgl. Hochschule Worms (o. J.), o. S.).

Nicht nur Bachelorstudiengänge werden an der Universität Stettin angeboten. Auch Masterstudienplätze sind vorhanden. Hierzu müssen die potenziellen Studierenden oder vielleicht auch aus anderen Hochschulen stammende Studenten unterrichtet und informiert werden. Dieser Bereich ist ebenfalls eine Möglichkeit, neue Studierende für die Hochschule zu gewinnen (vgl. Hochschule RheinMain (o. J.), o. S.). Den potenziellen Studierenden müssen im weiteren Verlauf der Veranstaltung mithilfe der sich eingefundenen Unternehmen oder Ex-Studierenden Zukunftsperspektiven aufgezeigt werden. Die große Frage ist, wohin die Reise nach dem Studium bzw. nach dem Studium an der Universität Stettin einmal gehen kann. Ebenso besteht ein Anreiz für Studierende darin, darüber Bescheid zu wissen, wo sich was in Stettin befindet. Aufzuzeigen, was man abends „nach der Uni“ in Stettin und Umgebung machen kann, ist sehr sinnvoll. Nicht nur von Kneipen, Bars oder anderen Ausgehmöglichkeiten ist hier die Rede. Auch Einkaufsmöglichkeiten sowie, falls nötig, passende Wohnmöglichkeiten können das Leben und Studieren in Stettin leichter und attraktiver gestalten und mehr Studenten an die Universität Stettin locken. Nur 16,67 % der Befragten haben bei der Umfrage angegeben, dass sie die Universität in Stettin ausgewählt haben, da sie die Stadt als attraktiv empfinden. Durch Informationen über Stettin lässt sich dieses Defizit etwas verbessern und so die wahrgenommene Attraktivität der Stadt und ihrer Möglichkeiten verbessern.

15.5 Ende der Veranstaltung

Gegen Ende der Veranstaltung richtet der Rektor nochmals das Wort an die Studenten und Besucher und bedankt sich für deren Besuch. Zum Abschluss der Hochschulveranstaltung gibt es einen Bericht in der Zeitung und auf den Social-Media-Plattformen, um das Event nochmals zu reflektieren.

15.6 Fazit

Das Hochschulevent als Marketingmaßnahme ist ein sehr aufwendiges Konstrukt. Jedoch erhöht es den Bekanntheitsgrad und lässt potenzielle Studierende einen Einblick in das Hochschulleben erhalten. Trotz des hohen Aufwands ist ein solches Event sehr sinnvoll und generiert der Universität Stettin damit einen Mehrwert.

15.7 Literatur

HOCHSCHULE RHEINMAIN (o. J.). Hochschulinformationstag. Online abrufbar unter: https://www.hs-rm.de/de/studium/studienorientierung/hochschulinformationstag/ (o. D.) (zuletzt abgerufen am 31.01.2019).

HOCHSCHULE WORMS (o. J.). Hochschulinformationstag. Online abrufbar unter: https://www.hs-worms.de/hit/ (o. D.) (zuletzt abgerufen am 31.01.2019).

UNIVERSITÄT BASEL (o. J.). Leitfaden für nachhaltige Hochschulevents. Online abrufbar unter: https://www.unibas.ch/de/Universitaet/Administration-Services/Bereich-Rektorin/Hochschulentwicklung/Nachhaltigkeit/Campus/Nachhaltige-Events.html/ (o. D.) (zuletzt abgerufen am 31.01.2019).

UNIVERSITÄT OLDENBURG (o. J.). Hochschulinformationstag - HIT. Online abrufbar unter: https://uol.de/no_cache/hit/ (o. D.) (zuletzt abgerufen am 31.01.2019).

ZEIT CAMPUS (o. J.). Studium-Interessentest. Online abrufbar unter: https://studiengaenge.zeit.de/sit (o. D.) (zuletzt abgerufen am 31.01.2019).

16 Anhang

16.1 Anhang 1: Interview mit Frau Dr. Kordela zu Studierenden an der Universität Stettin

16.1.1 Erhalten Familien/Studenten mit geringem Einkommen eine finanzielle Unterstützung? Wenn ja, welche?

Die Studierenden können finanzielle Unterstützung erhalten. An der Universität haben wir bestimmte Unterstützungsformen. Diese sind:

1) Sozialstipendium;
2) Sonderstipendium für Menschen mit Behinderungen;
3) Rektorstipendium für die besten Studenten;
4) Stipendium des Ministers für herausragende Leistungen;
5) Besondere Unterstützung

Ad. 1
Grundlage für die Vergabe eines Sozialstipendiums ist das monatliche Netto-Einkommen pro Mitglied der Studentenfamilie.

Ad. 5
Besondere Unterstützung können diejenigen Studenten bekommen, die sich aus zeitweiligen Gründen vorübergehend in einer schwierigen Situation befinden.

16.1.2 Wie viele Studierende studieren derzeit an der Universität Stettin? (Hier benötigen wir die aktuellen Zahlen und die der vergangenen 3-5 Jahre.)

Die Information über die Universität:

Jahr	Anzahl an Studierenden
2014	16 329
2015	15 045
2016	14 081
2017	12 774
2018	Noch nicht verfügbar

16.1.3 Wie viele Studierende haben 2018 an der Universität Stettin angefangen zu studieren? (Hier benötigen wir auch die Zahlen der vergangenen 3-5 Jahre.)

Jahr	Anzahl an neuen Studierenden (erstes Jahr)
2014	5914
2015	5892
2016	5820
2017	4687
2018	4751

16.1.4 Wie viele Studierende befinden sich in den einzelnen Studienfächern?

Die Daten über die einzelnen Studienfächer sind schwer zugänglich. Die Universität sammelt diese Daten nicht zentral. Nur die einzelnen Fakultäten besitzen diese. Wir haben aber 12 Fakultäten und ich müsste immer die verantwortliche Person aufsuchen, bitten und dann auf die Daten warten. Falls es notwendig ist, sagen Sie mir Bescheid. Dann werde ich es tun. Jetzt kann ich die Informationen nur zu unserer Fakultät schicken, aber ohne Studienfächer (Die verantwortliche Person ist seit zwei Wochen krank, und jetzt muss ich die ganze Arbeit machen). Ich kann aus meiner Sicht sagen, dass seit 4-5 Jahren die Anzahl der Logistik-Studierenden steigt; und nicht so populär ist die reine Ökonomie. Die Daten schicke ich Ihnen noch nächste Woche.

Hier sind nun die Informationen über die Studierenden an der Fakultät für Management und Dienstleistungsökonomie (Management and Economics of Services):

Hier sind die Informationen zu den Studierenden, die „normal" unter der Woche studieren (regulär), die Berufstätigen, die am Wochenende studieren (berufsbegleitend) und die ausländischen Studierenden (die meistens aus der Ukraine und Weißrussland kommen):

Jahr	Regulär	Berufs-begleitend	Ausländische Studierende	Gesamt
2014	1545	288	11	1844
2015	1296	263	19	1578
2016	1140	300	21	1461
2017	1162	351	25	1538
2018	1161	383	29	1573

Und hier ist die jeweilige Anzahl der neuen Studierenden an der Fakultät:

Datum	Anzahl der neuen Studierenden
31.10.2014	705
31.10.2015	680
31.10.2016	649
31.10.2017	701
31.10.2018	761 (Im Frühling haben wir an der Fakultät eine große Promotionskampagne vorbereitet: Facebook-Aktion, Besuche an Schulen, offene Vorlesungen für Schüller – dank dieser Aktionen ist die Anzahl der neuen Studierenden gestiegen.)

16.2 Anhang 2: Verwendeter Fragebogen

Education Marketing: University of Szczecin

Introduction

We are a group of Business Administration students from Heilbronn, Germany. We are conducting a survey about the reasons for Polish students to study at the University of Szczecin. We are trying to improve the education marketing of the university.

1. Why did you decide to study at a university?

- [ ] Mandatory for the job I wish to do
- [ ] Personal interest
- [ ] Career perspectives
- [ ] Aspirations of my family
- [ ] I was not sure what to do after school
- [ ] Other (please specify)

2. Why did you choose the University of Szczecin?

- [ ] Close to home
- [ ] Attractive city
- [ ] Recommended by friends/family
- [ ] Fields of study
- [ ] Reputation/public image of the university
- [ ] Other (please specify)

3. In your opinion, what are the negative aspects of studying at a university?

- [ ] Dependency on parents
- [ ] Need to have a part time job
- [ ] Study fees
- [ ] Lack of practical experience
- [ ] Other (please specify)

4. How did you learn about the University of Szczecin?

- [ ] Close to home
- [ ] Internet/Social Media
- [ ] Friends/family
- [ ] Print marketing (brochures, posters)
- [ ] Study fairs/open house
- [ ] Other (please specify)

5. In your opinion, what can the University of Szczecin do to acquire more students?

- [ ] Offer financial support
- [ ] Offer more internships/practical experiences
- [ ] More Social Media Marketing
- [ ] More study fairs/open houses
- [ ] Other (please specify)

6. What kind of support does the University of Szczecin currently offer?

- [ ] Events
- [ ] Cheaper public transport ticket
- [ ] Extracurricular activities (sports, clubs)
- [ ] Other (please specify)
- [ ] Access to academic data
- [ ] Housing support

7. Please indicate your gender.

- Female
- Male

8. Please indicate your age.

9. Please indicate your course of study.

16.3 Anhang 3: Auswertung des Fragebogens

16.3.1 Frage 1: Please indicate your gender.

Please indicate your gender.

Answered: 48 Skipped: 0

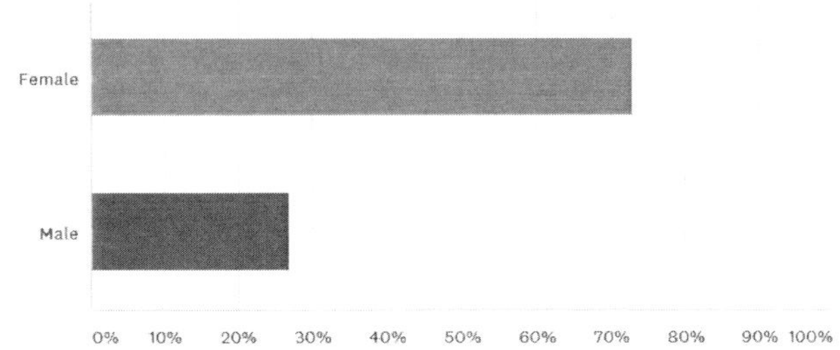

ANSWER CHOICES	RESPONSES	
Female	72.92%	35
Male	27.08%	13
TOTAL		48

16.3.2 Frage 2: Please indicate your age:

- Alter 20: ein/-e Studierende/-r
- Alter 21: zwei Studierende
- Alter 22: 17 Studierende
- Alter 23: 20 Studierende
- Alter 24: fünf Studierende
- Alter 25: drei Studierende

16.3.3 Frage 3: Please indicate your course of study

Finance and Accounting (19 Studierende)
Management (ein/-e Studierende/-r)
Logistics (22 Studierende)

16.3.4 Frage 4: Why did you decide to study at a university?

Why did you decide to study at a university?

Answered: 48 Skipped: 0

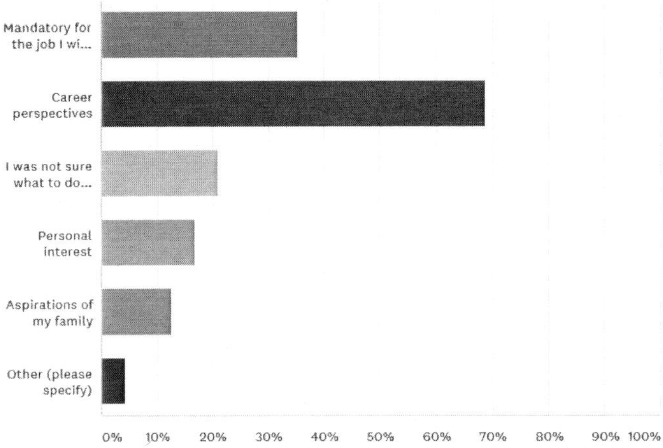

ANSWER CHOICES		RESPONSES	
Mandatory for the job I wish to do		35.42%	17
Career perspectives		68.75%	33
I was not sure what to do after school		20.83%	10
Personal interest		16.67%	8
Aspirations of my family		12.50%	6
Other (please specify)	Responses	4.17%	2
Total Respondents: 48			

16.3.5 Frage 5: Why did you choose the University of Szczecin?

Why did you choose the University of Szczecin?

Answered: 48 Skipped: 0

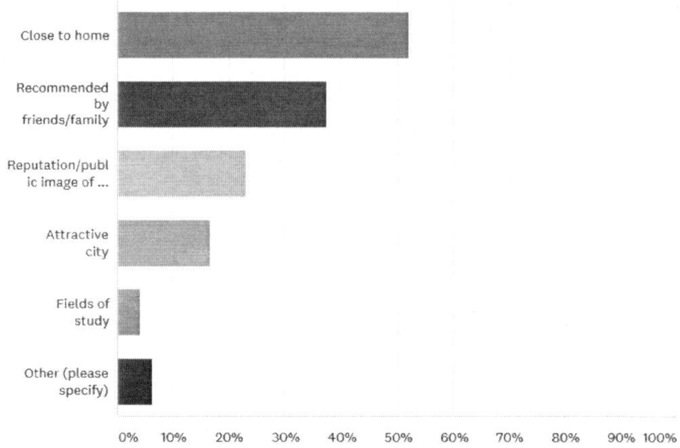

ANSWER CHOICES		RESPONSES	
Close to home		52.08%	25
Recommended by friends/family		37.50%	18
Reputation/public image of the university		22.92%	11
Attractive city		16.67%	8
Fields of study		4.17%	2
Other (please specify)	Responses	6.25%	3
Total Respondents: 48			

16.3.6 Frage 6: In your opinion, what are the negative aspects of studying at a university?

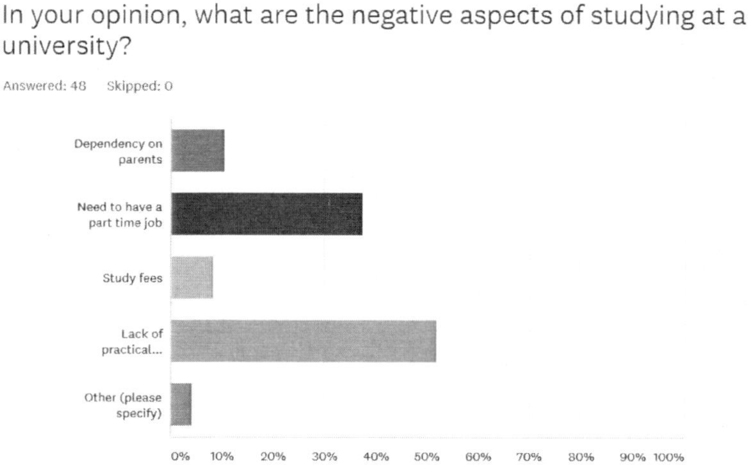

ANSWER CHOICES		RESPONSES	
Dependency on parents		10.42%	5
Need to have a part time job		37.50%	18
Study fees		8.33%	4
Lack of practical experience		52.08%	25
Other (please specify)	Responses	4.17%	2
Total Respondents: 48			

16.3.7 Frage 7: How did you learn about the University of Szczecin?

How did you learn about the University of Szczecin?

Answered: 48 Skipped: 0

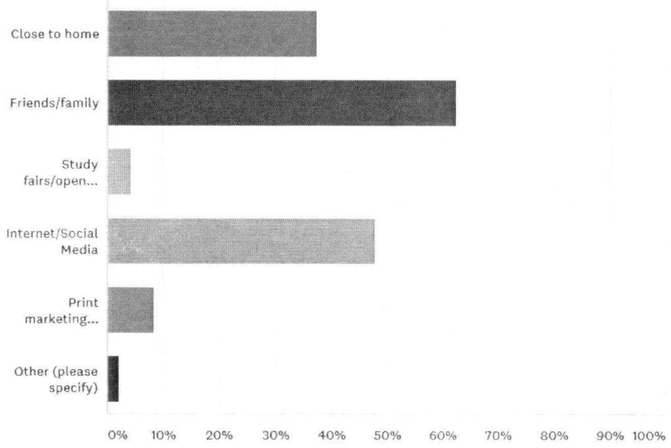

ANSWER CHOICES		RESPONSES	
Close to home		37.50%	18
Friends/family		62.50%	30
Study fairs/open house		4.17%	2
Internet/Social Media		47.92%	23
Print marketing (brochures, posters)		8.33%	4
Other (please specify)	Responses	2.08%	1

Total Respondents: 48

16.3.8 Frage 8: In your opinion, what can the University of Szczecin do to acquire more students?

In your opinion, what can the University of Szczecin do to acquire more students?

Answered: 48 Skipped: 0

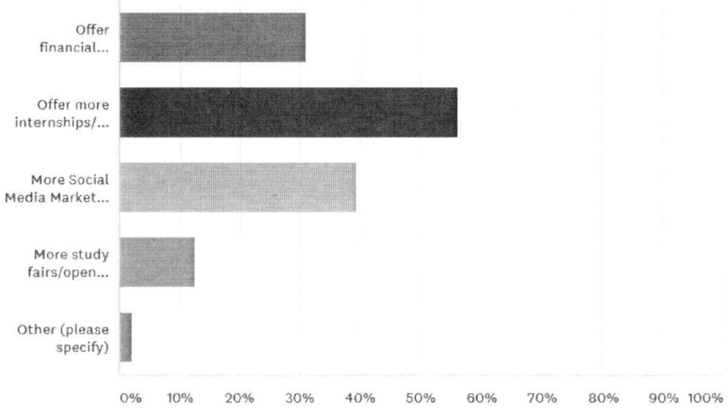

ANSWER CHOICES		RESPONSES	
Offer financial support		31.25%	15
Offer more internships/practical experiences		56.25%	27
More Social Media Marketing		39.58%	19
More study fairs/open houses		12.50%	6
Other (please specify)	Responses	2.08%	1
Total Respondents: 48			

16.3.9 Frage 9: What kind of support does the University of Szczecin currently offer?

What kind of support does the University of Szczecin currently offer?

Answered: 48 Skipped: 0

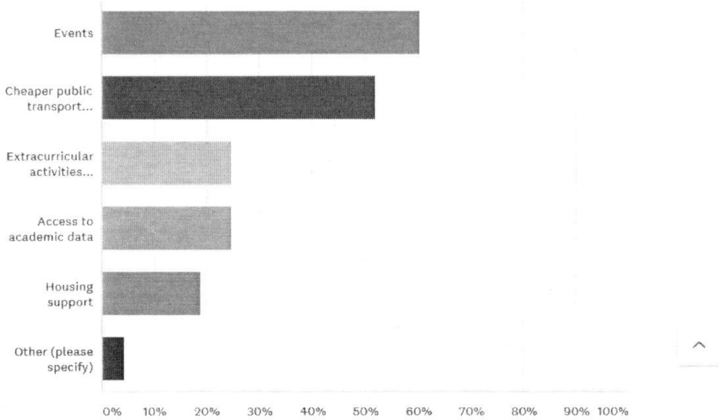

ANSWER CHOICES		RESPONSES	
Events		60.42%	29
Cheaper public transport ticket		52.08%	25
Extracurricular activities (sports, clubs)		25.00%	12
Access to academic data		25.00%	12
Housing support		18.75%	9
Other (please specify)	Responses	4.17%	2

Total Respondents: 48